Celestial
Novos Significados

Letícia de Queiroz

Celestial
Novos Significados

MADRAS®

© 2018, Madras Editora Ltda.

Editor:
Wagner Veneziani Costa

Produção e Capa:
Equipe Técnica Madras

Revisão:
Ana Paula Luccisano
Neuza Rosa
Arlete Genari

Dados Internacionais de Catalogação na Publicação (CIP)
(Câmara Brasileira do Livro, SP, Brasil)

Queiroz, Letícia de
Celestial : novos significados / Letícia de Queiroz. -- São Paulo : Madras, 2018.
ISBN 978-85-370-1164-5

1. Espiritismo 2. Ficção espírita I. Título.
18-21717 CDD-133.9

Índices para catálogo sistemático:

1. Ficção : Espiritismo 133.9
Iolanda Rodrigues Biode - Bibliotecária - CRB-8/10014

É proibida a reprodução total ou parcial desta obra, de qualquer forma ou por qualquer meio eletrônico, mecânico, inclusive por meio de processos xerográficos, incluindo ainda o uso da internet, sem a permissão expressa da Madras Editora, na pessoa de seu editor (Lei nº 9.610, de 19/2/1998).

Todos os direitos desta edição reservados pela

MADRAS EDITORA LTDA.
Rua Paulo Gonçalves, 88 – Santana
CEP: 02403-020 – São Paulo/SP
Caixa Postal: 12183 – CEP: 02013-970
Tel.: (11) 2281-5555 – Fax: (11) 2959-3090
www.madras.com.br

Nam-Myoho-Renge-Kyo!
Nam-Myoho-Renge-Kyo!
Nam-Myoho-Renge-Kyo!

Eu sou vida pura e santa. O Bem vive em mim e eu vivo para Ele.

Sou luz. Sou vida pura e santa. Vivo para o bem e o bem vive em mim. A verdade está nos sentimentos, não nos atos.

"Dizer que fui criado à imagem de Deus é dizer que o amor é a razão de minha existência, pois Deus é amor.

O amor é a minha verdadeira identidade. O esquecimento de mim mesmo é o meu verdadeiro caráter. Amor é meu nome."

(Thomas Merton – *Novas Sementes de Contemplação*)

Agradecimentos

Agradeço imensamente o apoio da minha família,
principalmente à minha mãe, Cleide.
Agradeço ao companheirismo de meu marido Wagner.
Obrigada!

Nota da Autora

Este livro não é uma psicografia, mas também estaria mentindo se dissesse que não foi um tanto "inspirado". É uma ficção, e os cenários e personagens foram criados. O tema espiritualidade é muito abrangente, e, para quem gosta, eu sugiro ler bastante. Aqui trago alguns desses assuntos, como colônias espirituais, vidas passadas e a Grande Fraternidade Branca – uma ordem de seres angelicais que ajudam na evolução de nosso planeta.

Boa leitura!

Índice

Introdução – Mensagem de Paz e Amor 13
Capítulo Um – A Meta 15
    Escolhas 15
    Identidade 16
Capítulo Dois – Nossos Pensamentos 17
    Fé 18
    O Mal 19
    Oração 19
Capítulo Três – A Ovelha Desgarrada 21
    Comunhão com Deus 21
Capítulo Quatro – A Fraternidade Branca e Negra 25
    O Trabalho 28
Capítulo Cinco – Troca de Energia 35
    Augusto 35
    Anabel 37
    Sermão 38
    Relaxamento e Reposição de Energias 39
Capítulo Seis – Visita a Outros Planos 41
Capítulo Sete – A Aula dos Mestres sobre Justiça Divina 43
Capítulo Oito – O Poder Fluídico 47
    A Doença 48
    Campo Energético 50
    O Hospital 51
Capítulo Nove – Reencontros 55
    Ajuda 56
    Reencontros 57

Capítulo Dez – Do Fundo da Alma..61
    Receitas...63
    Ananda..64
    Confessionário...64
Capítulo Onze – O Céu, o Inferno e o Umbral....................69
Capítulo Doze – Divindade...75
Capítulo Treze – Fraternidade, Caridade, o Hospital........77
Capítulo Catorze – A Real Felicidade................................81
    Sentimento Puro..82
    Confusão..85
    Ciúme...86
    Amor...87
    Paixão...87
    A Piada..89
Capítulo Quinze – Augusto dá Aulas.................................93
Capítulo Dezesseis – Agradecer, Gratidão.....................103
Capítulo Dezessete – Samuel nas Tarefas de Bhajana e Vibhuti...107
Capítulo Dezoito – Ser, Meditação de Ananda...............115
Capítulo Dezenove – Samuel Recebe Caio....................119
Capítulo Vinte – Madhava e Autoestima.........................127
Capítulo Vinte e Um – Missões com Bhajana.................135
Capítulo Vinte e Dois – Samuel Recebe Isadora...........141
Capítulo Vinte e Três – Disciplina e Sacrifício................143
Capítulo Vinte e Quatro – "O Mestrado" de Samuel......147
Notas Finais..151

Introdução

Mensagem de Paz e Amor

O Senhor me guia. O Senhor me alimenta. O Senhor é minha salvação. Meu viver. Oro ao Senhor e ganho glória total.

A luz que me envolve transforma-se em mim.

Oro ao Senhor pedindo paciência, acalento, humildade. Não peço mais nada. Peço força e cura. Espiritualidade.

O Senhor é bom e sempre atende aos meus chamados. A cada dia que passa, Ele me deixa perceber mais um pouco de Sua Verdade Suprema.

Eu canto para o Senhor. Agradeço e peço ao Senhor. Eu medito no Senhor. Vivo para o Senhor e faço Sua obra. E ela aumentará numa proporção nunca vista neste mundo; porque o Senhor é bom e quer a felicidade para Seus filhos e, também, quer a fé dentro de cada coração.

A fé no Senhor será resgatada. A fé que tanto falta será renovada. Pedem pelo Senhor, pedem paz de espírito. Suas orações serão atendidas se viverem no Senhor. É isso que pede em troca. Ou melhor... É isso a felicidade – viver no Senhor.

Sua misericórdia é lançada neste solo.

Uma vida de fé real viverá. A paz espiritual é alcançada. É só deixar o Senhor agir... em seu coração...

Preste serviço ao Todo-Poderoso. Liberte-se! Ele está onde menos sonha. Sua existência pode mudar, pode alterar-se por completo. Peça força ao Deus Absoluto, peça que o renove.

Renove-me, meu Senhor Jesus Cristo! Ó Pai dos pais! Renove-me! Ó Supremo! Oh, Grande Alma! Renove-me! Faça-me merecedor dos reinos do Céu! Faça-me merecedor de Suas graças incomparáveis! Faça-me merecedor de Sua luz extraordinária. Esse poder absoluto, imensurável. Ó Grande Alma, cure-nos! Cure-nos! Retire de nossos pensamentos o mal. Retire nossos pecados. Faça-nos devotos puros!

Queremos respirar a energia perfeita da Divina Graça, do Incomparável, do Absoluto. Estou absorto no Senhor. Não desejo qualquer outro tesouro, na verdade Ele é o único... Não desejo nada além d'Ele: o Senhor Deus. Canto glórias celestes ao Senhor.

Recito poemas de grande força espiritual ao Senhor. É incrível. Sem explicação.

Estar absorto n'Ele é ser felicidade perfeita, ser luz, ser tudo, ser absoluto, comprazer-se no Senhor. Aleluia! Aleluia! Aleluia! Aleluia!

Viverei no mais alto céu com o Senhor incomparável. Serei luz profunda, perfeita.

Ele nos cura; sim, cura! Cura neste momento. Creia, creia, pois eu creio e aquele que não crê está perdido. Se está perdido, solicite Sua misericórdia e amor profundos. Ame como Ele ama e será perfeição...

Creia! Creia! Ame! Ame! O Céu o espera. Prossiga no caminho de Amor e Humildade. No caminho da caridade. Essa é a felicidade tão almejada e dificilmente alcançada por aqui. Lute e ultrapasse os obstáculos. O Senhor Absoluto está com você e, cada vez que cair, Ele levantá-lo-á.

Acredite e solicite luz. Solicite força espiritual, paciência... Amor real. Amor real. Agradeça pelas graças adquiridas e siga em frente até estar "de volta em casa" – o Supremo.

Siga o Amor Verdadeiro. Seja-o!

Capítulo Um

A Meta

A origem é um mistério, e tentar desvendá-la é um objetivo complicado. A única coisa de que temos ideia é a nossa meta: Deus.

Vivemos em constante conflito entre o bem e o mal. Entre o certo e errado. Entre possível e impossível. Entre realidade e ilusão. E a meta é fazer com que isso acabe, que o sofrimento desapareça.

O que é felicidade?

A existência inteira procuramos essa "dona" felicidade. Será que todos a procuram no lugar certo?

Poder? Dinheiro? Fama? Deus? Qual desses devemos ter como principal objetivo? Do que mais precisamos?

Com quem temos de nos preocupar?

A cada dia assimilo novos conceitos, verdades. É uma busca incessante pela evolução máxima: a perfeição.

Agradeço pelos conhecimentos adquiridos. Pelas graças. Pelas oportunidades.

Escolhas...

Escolhi ser um mensageiro da paz, um irmão que traz amor e conforto.

Na verdade, não se trata de escolha, mas de essência e compreensão.

Zelar pela harmonia, sê-la, é minha existência. Meu trabalho é prestar serviço à Divina Luz.

Identidade...

Atendo por Samuel (significado: nome de Deus). Um ponto brilhante, cujo anseio é crescer e desvendar o maior dos mistérios: Deus. Uma busca contínua pela eternidade. Chegarei lá.

Recordo-me do dia em que modifiquei parte de minha conduta. Era meu aniversário, já estava ficando velho. Possuía medo da morte. Então, refleti sobre a vida desregrada a qual tive e sobre meus filhos, que me repulsavam. Vi-me ali sozinho olhando para o nada; relembrando o que havia perpetrado para merecer toda aquela solidão. Fiz jus a ela por todo o meu egoísmo. Lágrimas caíram e o arrependimento avançou. Naquele dia eu orei, no outro e no outro...

A minha morte foi dura. Permaneci algum tempo preso ao corpo após o falecimento. Uma agonia, uma confusão. Então houve o desenlace e cheguei a um lugar onde vi rostos conhecidos, mas de início não distingui quem eram; sentia que eram familiares.

Aos poucos, recuperei a lucidez e pude engatar nos trabalhos e nos estudos. Assistia àquelas reuniões estarrecido, pois o grau de profundidade era "ofuscante". Aquilo ficava guardado na alma, em estado latente, sendo absorvido com o passar do tempo.

Uma nova prova estava por vir. Seria testado mais uma vez. Naquela vida já fui mais prestativo. Formei-me padre. Dediquei-me ao Senhor. Minha vontade era fugir do mundo para não ser tentado. Muitas vezes fiz penitências. Castigar-me foi hábito frequente. Pensava ser alguém muito ruim, impuro, que desmerecia o Reino dos Céus, etc.

Capítulo Dois

Nossos Pensamentos

O mestre Anabel (significado: amável) cessa a aula.
– No próximo encontro, continuaremos discutindo nossas vivências e aprendendo com elas. Depois você prossegue, Samuel.
Anabel era um dos mentores da colônia e regente também. Sua aparência era cheia de poder e a mais angelical possível. Primeiramente, não se podia dizer se figurava uma mulher ou um homem. Seus cabelos eram longos, brilhosos da cor do ouro. Sua face era rosada e delicada. Os olhos pareciam um céu sem fim, uma imensidão de azul que às vezes era violeta. Suas vestimentas sempre eram brancas. Ele transpirava luz. E sua presença era muito carismática.
Dispersei-me do grupo quando Ananda (significado: bem-aventurança) me chamou:
– Está sabendo do nosso próximo trabalho?
– A mestra Madhava (significado: Deus) irá falar comigo daqui a pouco. Ela dirá.
– Ela começou a me informar – Ananda contou.
– Venha comigo, então...
Fomos até Madhava, uma de nossas guias espirituais e também regente da colônia.

– Olá, meus filhos! Que a paz esteja com vocês – fez o cumprimento com as mãos juntas e assentindo com a cabeça. Retribuímos o gesto, igualando-o.

– Desejamos o mesmo para a nossa mestra. Relate-nos qual será nosso próximo ato de amor!

– Vocês dois terão de inspirar uma família e "cortar" a energia negativa.

– Eles estão orando, mestra Madhava? – Ananda questionou.

– Sim, recebemos orações sinceras.

– Estamos de alguma forma interligados? – Ananda fez outra pergunta.

– Sim – Madhava respondeu. – São os seus últimos familiares, Samuel. Acredito que almeje auxiliá-los.

– Oh, claro! – exclamei convicto. – Farei o melhor! Chamaram por mim, não chamaram? Eu ouvi.

– Podem ir – a mestra pronunciou.

Madhava era uma figura totalmente amorosa. Sempre radiante e sorridente, expandindo seu amor para todos. Os lindos cabelos louros eram encaracolados. Suas expressões, serenas. Era alta e magra. Ela sempre nos olhava esperando o melhor. Suas aulas eram refrescantes e ela mostrava o quanto era evoluída.

"Descemos" do mundo espiritual para o planeta Terra. A primeira coisa que Ananda e eu fizemos foi ouvir uma das orações de uma de minhas netas. Dizia:

– Senhor, cure-nos! Derrame Sua misericórdia sobre nós. Una essa família e retire dessas casas o mal. Eu lhe peço, Pai, traga paz. Já vejo a alegria antecipada, pois sei que o Senhor trará felicidade.

E Isadora, a neta, mentalizava tudo perfeito.

Fé...

É o "sentimento-chave" para todas as realizações. Um homem sem fé não alcança seus objetivos, porque ele mesmo imagina que nunca irá conseguir. É confiar no seu potencial. Suportar os desafios e compreender que Deus é justo.

O Mal...

É obra do ser humano. Se este sofre é por seus atos ou modo de pensar – o que para um é sofrimento, para o outro é nada.

O nosso cérebro faz associações de dor e prazer. Um acontecimento traz a lembrança de felicidade ou de tristeza. Caso mude a associação de um fato doloroso para qualquer outro sentimento, sofrerá menos.

Às vezes algo ruim acontece e ficamos enraivados, mas o tempo anda e rimos daquilo.

Para que esperar? Ria hoje mesmo!

Oração...

Enquanto Isadora se conectava com o Divino, nós derramamos bons fluidos sobre ela e a moça se sentia aliviada dos transtornos.

Olhamos em volta e percebemos que os maus espíritos estavam afastados por nossa presença luminosa.

Aproximamo-nos de um deles. Estava completamente sujo, ensanguentado e segurava um punhal; era um contraste e tanto com a minha presença e a de Ananda. Eu estava de preto, mas irradiava esperança; Ananda de branco e usava uma coroa de flores na cabeça. Ele tentava escapar, mas insistimos.

– Está perdendo as forças por aqui? Daqui a pouco anjos morarão neste lugar – eu alertei.

– Não, eu vou ficar aqui! Simpatizei com os pensamentos dessa família. É claro que desejam minha presença e a de meus colegas!

– Você percebe a sintonia? Está mudando! Terá de se retirar! – Ananda pronunciou. O pobre fez uma expressão feia.

– Preocupado com o seu rumo? Siga a Luz e terá um bom lugar para aonde ir! – eu disse.

– Luz! Luz! Tudo uma mentira! Mentira! Se a tal Luz existisse não me deixaria sofrer tanto!

– Se a procurar, achará! – Ananda articulou.

E nos distanciamos daquele espírito porque era perda de tempo e não merecia a nossa atenção, por enquanto. Melhor inspirar bons sentimentos em outros integrantes daquela família.

Precisamos sempre nos lembrar de não jogar pérolas aos porcos. No princípio, eu demorei a entender em quem valia a pena investir. Por que escolher a quem auxiliar? Por quê?

Do que adiantaria falar alemão com alguém que só fala italiano ou vice-versa? Do que adiantaria tentar explicar álgebra a um bebê? A qual fim iríamos chegar? Andaríamos em círculos ou pior: não sairíamos daquele ponto. Entende?

Deve-se apostar no que vale a pena, no que pode ter futuro. Então os riscos diminuem.

Em vez de pensar: vou arriscar nessa Alma; eu medito: vou desenvolver aquela Alma. Aí que está! Compreende? Pois já sei quem escolher, então não arrisco; acerto.

Posso dar umas batidinhas num coração e ver se irá abrir. Caso permaneça fechado tento em outro dia, outra hora, novas batidas.

Capítulo Três

A Ovelha Desgarrada

Tudo o que acontece em nossas vidas possui um significado, basta saber encontrá-lo. Devemos fazer de cada manhã uma lição e de cada noite uma conclusão, algo que frutifique nossos dias.

Será fácil desvendar sinais? Faz-se necessário extrair de nossas experiências, sejam quais forem, um aprendizado para as seguintes. Apenas refletir e desacreditar em momentos ruins. Eles são provas e ensinamentos – não são maus.

"É uma qualidade dos grandes pensadores extrair o melhor mesmo do pior." (A. C. Bhaktivedanta Prabhupada)

Percebi durante o período no qual ajudei aquela família que realmente o sofrimento transforma as pessoas. Há tempos não tinha dúvidas acerca disso, porém me fez lembrar fatos passados. Por exemplo...

Na época de sacerdote, houve um determinado espaço de tempo que fazia penitências. Tive de sofrer até perceber que não era só aquele o caminho.

As pessoas aproximam-se de Deus ao passar por momentos difíceis. Se alcançarem uma graça, então! Mas nunca foi para ser assim!

Comunhão com Deus...

Agradecer por andar, enxergar, falar, é bom. Deixar de pedir é possível?

"... porque vosso Pai sabe o que vos é necessário, antes de vós lho pedirdes." (Mateus, 6:8)

Já que a dor pode ser boa, deveríamos agradecer por ela?

"Bem-aventurados os que choram, pois que serão consolados. – Bem-aventurados os famintos e os sequiosos de justiça, pois que serão saciados. – Bem-aventurados os que sofrem perseguição pela justiça, pois que é deles o reino dos céus." (Mateus, 5:5, 6 e 10)

Se aprendêssemos algo com o que acontece de ruim, em vez de reclamarmos, seríamos mais felizes. Estaríamos mais fortes para enfrentar novos desafios. Resignação: aceitar a vontade do Pai; analisar que Ele não almeja o nosso mal. Se tem de solicitar algo, solicite energia para ultrapassar as provas impostas por Deus.

"Por mim mesmo juro – disse o Senhor Deus – que não quero a morte do ímpio, senão que ele se converta, que deixe o mau caminho e que viva." (Ezequiel, 33:11)

Demorei até parar de blasfemar contra Deus. Então as provas não surtiam o efeito necessário e por elas passava novamente.

Finalmente aprendi, e o meu pensamento é o de que Deus está ao meu lado e que chegarei a qualquer meta que estipular. Confio no Pai e tento fazer-me merecedor de Suas graças.

Recordo o dia em que um velho sentado em um banco de praça me falou algumas verdades...

Naquela época, eu possuía uma família grande e todos os problemas que dela provinham. Sentei em um banco de uma praça e logo percebo uma voz perto de mim – era um senhor de idade.

– A vida é mesmo difícil, né?

– E como! – exclamei.

– Temos de orar muito, não?

– Não sei se funciona.

– Mas claro que sim! – falou o velho com os olhos arregalados.

– Se Deus é tão poderoso, não haveria guerras, dores... Nem sequer precisaríamos orar, pois tudo seria perfeito.

– Você é perfeito? – indagou o homem.

– O quê? Não, sou humano!

– Você erra?

Pensava comigo: esse vovô já está demente, coitado! O que faço agora?

– Se eu erro? Bem... Às vezes...

– Acha que devemos pagar por nossos equívocos? Você castiga seus filhos quando aprontam?
– Sim, castigo; senão eles farão arte outra vez.
– Não é justo o que faz?
– É... – abaixei a cabeça, refleti... – Só que Deus traz sofrimento sem termos pecado... algumas vezes.

Aquela pessoa estranha fitou o horizonte, deu um sorriso. Eu o olhava como se fosse um louco.

– Crê em Deus, filho?

Permaneci calado buscando uma resposta. Pairava uma dúvida em minha mente.

– Se fosse bom, nunca iria condenar um filho eternamente. Eu não faria isso.

– E o que o faz imaginar ser assim? – retrucou o velho.

– Está escrito.

– Um pecado... é possível apagá-lo?

Até onde aquele doente queria chegar? – eu me questionava.

– Os padres dizem que com o arrependimento.

– Acredita nisso? – ele me indagou.

Estava impaciente e jamais havia tido pachorra para escutar vovôs fugidos do asilo.

– Nossa! O senhor é insistente; hein!

Ele riu e pronunciou:

– Aonde quer que uma ovelha desgarrada esteja, seu pastor vai buscá-la.

Quem era aquela figura? A partir dali fiquei desconfiado, cismado.

– Você disse que castiga seus filhos para não errarem de novo; mas se eles rejeitarem o arrependimento, com certeza aprontarão novamente. Se a contrição repousar neles, as falhas não aparecerão mais e suas mentes serão renovadas; por conseguinte, as punições deixarão de ser utilizadas... Exatamente, porque é desnecessário!

O que ele discursava? Seu raciocínio era verdadeiramente lógico. Encetei a ideia de que o senhor era na realidade normal.

– Pelo que assimilei, é mentira que o Pai Celestial dá penas eternas aos filhos?

O sujeito misterioso evidenciou um sorriso de contentamento. Balançou a cabeça em sinal afirmativo.

– Preciso me retirar...

Levantou e naturalmente seguiu o próprio caminho. Fixei a vista nele inquieto com um proceder tão... tão... nem conseguia explicar, por consequência: inexplicável. Quem era com tanta altivez? Ensinos morais. Aventurou-se a esclarecer a justiça divina. É algum sacerdote, por acaso? Ou quem sabe um anjo... Contudo, anjos permanecem no Céu, não descem à Terra. E possuem asas, auréolas...

Frequentemente passava ali o procurando. Nunca mais o vi.

Aquilo estacionou na minha cabeça. "Mastiguei" as palavras por semanas. O Pai estaria mesmo enviando uma mensagem? Apanhei a Bíblia e a abri. Dizia:

"Bem-aventurado aquele cuja transgressão é perdoada, e cujo pecado é coberto.

Bem-aventurado o homem a quem o Senhor não imputa maldade, e em cujo espírito não há engano...

Confessei-te o meu pecado, e a minha maldade não encobri. Dizia eu: Confessarei ao Senhor as minhas transgressões; e tu perdoaste a maldade do meu pecado (Selá)." (Salmo, 32:1, 2, 5)

Após ler, permaneci boquiaberto. Conservei-me pensativo. Várias questões emergiram. Mas e se eu não estiver contrito até o fim de minha vida? O castigo não será perpétuo? O homem quis dizer que podemos nos arrepender após a morte? Que, ainda aí, há salvação? O que somos? Carne ou espírito? Faria sentido se optássemos pela alma, uma vez que ela não se deteriora – sempre vive. Então o outro mundo é continuidade desse e ainda seríamos ovelhas do Senhor, ainda poderíamos louvá-lo; ou quer dizer que há quem seja impedido de praticá-lo?

Abri a janela de meu quarto enovelado. Mirei o Céu, a mão na boca.

– Será? Tem nexo.

Dali para a frente, novas ideias surgiram e tornei-me mais paciente, menos reclamante e vim a ser contemplativo. Coisas surgiram a respeito para mim – como livros, pessoas... Afigurava-se que o Universo conspirava para que eu seguisse por tal caminho.

Capítulo Quatro

A Fraternidade Branca e Negra

Um ano após o incidente da praça, uma de minhas filhas adoeceu gravemente – pneumonia. Todos previam a sua morte. Entretanto, minha esposa e eu oramos a Deus. Sonhava com a menina curada e feliz.

Ela se curou. Apeguei-me ao Divino com forças.

Era comerciante e podia realizar pequenos gestos caritativos. Oferecia comida a mendigos, doava roupas que não usava, ajudei em obras pelo bairro.

Primeiramente era como se estivesse pagando uma promessa – e era nisso que quem me rodeava acreditava. Porém, era mais que isso. Aquilo foi tomando conta de minha alma e os outros estranharam, porque um ato generoso nunca fora de minha personalidade. As críticas aumentaram gradualmente. Minha esposa dizia:

– Ninguém faz para a gente; o que você pretende com essa palhaçada? O que cometeu para se penalizar tanto?

– Penalizar-me? Desde quando caridade é punição? – eu respondia, mas ela revirava os olhos e bufava.

– Trate de dar assistência a seus filhos e só – e a mulher saiu do cômodo.

Família é apenas a de sangue? Ela idealizava que sim; eu não, mais. Observava o trabalho das formigas e imaginava para a sociedade. Um dia... Será?

Alguns me difamavam e outros me elogiavam; aí que o orgulho se apoderou de meu ser. Sou uma boa pessoa, faço caridade, sou honesto, sigo os preceitos de Deus, vou à igreja toda semana... Adquiri orgulho de ser o que era. Uma ilusão que perdurou. Ela era invisível aos meus olhos. Pensava, também, que as pessoas deveriam ter o mesmo comportamento que possuía: uma ideia soberba.

Relatei o caso em uma das reuniões de Anabel. Este perguntou:

– Por que o orgulho é ruim?

Quem não sabia responder algo tão simples? Ananda iniciou seu discurso:

– Porque eleva o ego e rebaixa os demais. Todos somos iguais perante o Universo e a distinção é um devaneio. Sem modéstia, simplicidade, não somos capazes de amar o Divino verdadeiramente. *A humildade é a estrada que nos conduz à graça.*

– Alguém mais? – Anabel interrogou.

Augusto (significado: sublime, majestoso) prolongou o tema.

– Ficamos "cegos" sob o domínio do orgulho. Imaginamos sermos perfeitos ou que nossas ideias são completamente exatas, enquanto a verdade está nos sentimentos e não nos atos.

Anabel interrompeu-o:

– Muito bem, Augusto. Agora explique melhor o último verso – Augusto sorriu.

– Bem... A verdade está nos sentimentos e não nos atos... Posso dar como exemplo um instante da existência de Samuel. Conhecemos o início de seu esclarecimento. Fez caridades e, nos primeiros elogios, sentiu demasiado amor-próprio. Do que adiantava a caridade, a honestidade, a bondade, se o coração era infectado pela altivez? Ações, ações, nada "pronunciam"; emoções, sim, "cantam" lindamente. Se tudo o que construía fosse com a intenção de ajudar, por amor... Aí, sim, valeria. *O que importa é o significado, não o ato.*

Pagar uma promessa? Qual o significado disso? Executar uma troca? Deus não é assim.

A bondade tem de ser natural, espontânea, do próprio ser; nunca esquematizada – já deixou de ser bondade; é encenação. Não há como encenar para Deus.

Então a soberba nos faz simular cada vez mais, sem reparar o que cometemos. Tentamos agradar aos outros, pensando que também estamos agradando ao Senhor.

"Ah, tomara que eles pensem tal coisa de mim. Ah, eu sou isso e aquilo."

Como escutamos de Ananda: "Sem humildade não há salvação" – concluiu.

Ninguém aplaudiu as palavras de Augusto porque estaríamos reverenciando um procedimento congênito. Se realizássemos, não teríamos compreendido a palestra; contudo, todos seguiram inspirados pelas vibrações. Anabel concordou plenamente. A partir dali refletiríamos o assunto por mais tempo. Questões morais são infinitas; eu acho.

Aproximei-me de Augusto após a reunião. Ele estava caminhando na minha frente. Vestia-se de branco. Sua pele não era como a minha – cor de vela –, era mais amorenada. Os cabelos eram castanho-claros e cacheados. Seu olhar também era profundo e trazia mistério.

– Animadoras, as suas palavras.

– Não há de quê!

– Engraçado... A resposta não seria: obrigado? – interpelei.

Augusto olhou para baixo e sorriu.

– Quem favoreceu a quem?

Parei um segundo.

– Nós dois... quero dizer: nós que assistíamos à aula fomos beneficiados, inserindo você.

– Continue, está compreendendo. Enquanto dialoga, medita, aprende-se.

– Exato. No caso, então, agradecemos ao Divino pela inspiração.

– Muito bom, Samuel!

– Muito bom, Augusto!

Abracei-o e caminhamos, prosseguindo a conversação.

Augusto é um dos mais adiantados da turma; ele até dá aulas. Estou aguardando a mesma oportunidade. Por enquanto, apenas sigo ordens de Madhava e Anabel.

O Trabalho...

A Providência "escreve" um fato sutil, eu vou lá e faço acontecer. Desempenho funções mentais e materiais.

Uma vez entrei nos sonhos de Isadora e a levei para ver um episódio do futuro.

Aconselhei-a e tranquilizei-a. Isso foi uma ação mental, a qual realizo pela *Fraternidade Branca*.

A Fraternidade Branca é um conjunto de seres espirituais que trabalham pelo bem da humanidade. Intencionados a auxiliar na evolução do planeta, atuamos em vários aspectos da vida terrena, como esse exemplo da inspiração. Ela é dividida em setores ou os chamados sete raios. Cada um deles com uma qualidade específica.

A chama azul caracteriza-se pela fé, força, vontade divina... Desperta-nos para nossa própria divindade.

A chama amarela traz a sabedoria, iluminação. É o esclarecimento para que assim possamos melhorar como pessoas.

A chama rosa liga-se ao amor divino. Traz crescimento quando amamos sem restrições e toleramos, compreendemos e perdoamos. Amar apesar das falhas, dos erros... Isso é compreensão.

Os três primeiros raios formam a Chama Trina: a primeira liberta pela fé, por crer no Divino. A segunda pela sabedoria, pela visão estendida que há mais além disso, que vivemos em ilusão e que todos somos irmãos. A terceira nos emancipa pelo amor e perdão.

A chama branca distingue-se pela pureza e ascensão. Aponta para o fato de ação e reação, e que debaixo dessa carne há um espírito perfeito; todo erro e toda ignorância vêm da ilusão.

A chama verde cura com a verdade, a honestidade. Ajuda-nos a perceber essa verdade e a lidar com ela.

A chama rubi é a do amor altruísta. Aquele no qual se ama toda a humanidade e o mundo. Quando não se vê limite de corpos, todos estão interligados como filhos do Criador. Todos viemos d'Ele. Amar a vida simplesmente por estar vivo...

A chama violeta é a da transmutação, do resgate cármico. Ensina a ver o lado positivo das ocorrências em nossas vidas, compreender que todos somos provados e que nada é por acaso. A ascensão está na compreensão, na visão aguçada e no poder da confiança no Divino. Apenas assim para ser auxiliado – confiando.

Cada raio foi "trazido" por alguém à Terra. Cada um corresponde a uma elevação. É a evolução do planeta. E quem trouxe essas potências foram pessoas encarnadas, que viveram na Terra. Elas se chamam mestres ascensionados. E sua missão é transformar esse mundo para melhor.

O primeiro raio é dirigido por mestre El Morya. O segundo por Buda, Khutumi e Lanto. O terceiro por Rowena (Paulo Veneziano). O quarto por Seraphis Bey. O quinto por Hilarion (Paulo de Tarso). O sexto por mestre Jesus e Nada. E o sétimo por Saint Germain, Kuan Yin (Deusa da Misericórdia) e Portia.

Seres de esplendor sem igual.

A Fraternidade é composta por muitos seres espirituais, cada um com sua função. Alguns trabalhando no mundo espiritual e outros no material. E isso integra encarnados que possuem grandes missões na Terra ou até mesmo aqueles que fazem a sua parte.

Existem dois tipos de fenômenos: materiais e espirituais. O espiritual, como estava citando, é quando o espírito entra em contato por meio da intuição, do sonho, da psicografia, de tudo o que envolve a mente.

A manifestação física, material, acontece quando abarca a matéria física, como a movimentação de um objeto, sons, aparições tangíveis, etc.

Eu também faço esse tipo de trabalho. Já mexi em um despertador. A pessoa se atrasou, teve de pegar o ônibus seguinte. Acabou encontrando alguém que não via há muitos anos. Esta última pessoa iria de carro, mas este quebrou. Tanto o despertador como o carro foram propositadamente manipulados e são manifestações físicas, que estão conectadas à **Fraternidade Negra**. Esta ainda é a Branca, porém o setor denominado para as causas físicas. A denominação é Branca para mental e Negra para material. Contudo, as duas são uma só: a Grande Fraternidade Branca. Como faço ambos os trabalhos, pertenço às duas irmandades.

As manifestações físicas são concluídas por espíritos ainda de certa forma inteirados com a matéria, que ainda estão em processo evolutivo. Cada vez mais me afasto disso; do físico.

Diversas vezes espíritos elevados me davam trabalhos parecidos com esse do carro, do despertador, entre outros. Claro que essa situação não foi exceção!

Não estou dizendo que toda manifestação provém de nós. Não. Estamos atuando em muitos casos... Há comunicações levianas, de nível elevado e comunicações do Destino, comunicações de Alma para Alma; quando visa a seu amadurecimento, crescimento e que transforma a pessoa ou modifica um ato. A nossa é a do Destino e de Alma para Alma.

Estive em sessões espíritas e seguia ordens de um guia para dar batidas em mesas e animá-las. Ocorre o seguinte: o espírito acumula o fluido universal, de que é feito seu perispírito. Tal fluido é combinado com o que provém do médium; assim a manifestação acontece. Eu preciso unir minha energia com a do médium e utilizar isso para mover o objeto.

O perispírito é o intermediário entre o espírito e a matéria, por ele ser de natureza etérea.

É como se a alma usasse uma roupa. É essa roupa que o médium vê se possuir a vidência. E a alma pode moldar esse traje. E é ele que se usa no plano material. Em uma manifestação física, é desse veículo que se utiliza. Pois o espírito é inteligência apenas, necessita de um objeto de uso para a manifestação, um "corpo". E este é o perispírito. Como a alma em vida se serve do corpo físico, a alma desencarnada serve-se do perispírito.

A Fraternidade Negra também desenvolve outro trabalho: o da construção do plano astral.

Um pensamento intenso cria no plano astral sua, vamos dizer, cópia. Alguns de "nós", desencarnados, moldamos a "forma-pensamento" neste plano. Então, mais tarde, a energia será libertada e aquilo se materializará no plano físico. Pode ser um acontecimento de grande importância, como um desejo vivo, centrado, de conseguir um emprego em determinada área – "nós" construímos a ocorrência no mundo astral. É como um esboço. Antes de construir uma casa você a desenha em um papel, não é? Então, tanto o que é predestinado pelo destino, pela Providência Divina, quanto o que pensamos com força e repetidamente, isso vai para ao plano espiritual e os construtores recebem as ordens do que concluir. Você vai perguntar: E algo pode ser destruído? Sim, pode. Não algo predestinado, mas um pensamento de um encarnado, sim. Você acreditava fielmente que viajaria para o Japão, por exemplo, mas alguns entraves aconteceram, ou você imagina que não vai conseguir guardar dinheiro suficiente... Aquela sintonia enfraquece, fazendo com que a forma-pensamento perca o vigor e desmorone. Desse modo, teria de começar a mentalizar tudo de novo. Mas por que isso acontece? Por que um pensamento forte tem de ser materializado? Um pensamento forte é um pedido, ele pode ser uma oração... Não importa... O pensamento tem uma vibração e ele atrai outra de mesma frequência. Somos todos energia, somos inteligência... Nós não somos apenas corpo material; nossa essência é a consciência. Você emana energias e recebe de volta o que enviou. É a atração! E existem seres incumbidos de fazer a lei acontecer! Ação e reação!

Sou um construtor da Fraternidade, essa é uma de minhas competências. Eu praticamente desenvolvo o futuro das pessoas. Se elas soubessem o quanto suas mentes têm poder! Se soubessem usar essa potência...

No momento, estou no projeto do sucesso profissional de um jovem. Seu desejo é sair do país de origem, arranjar um emprego, juntar dinheiro, abrir um negócio e por aí vai. Ele concebe tudo isso de modo constante e crê seguramente que obtém o resultado. O Universo "ouve" seus pensamentos; podem ser ruins ou bons, e lhe dá mais daquilo. Você colhe o que planta.

O jovem empacotava compras em um supermercado durante o dia e à noite estudava idiomas. Um dia leu no jornal um anúncio no qual estavam contratando para trabalhar em cruzeiros e o fundamental era saber outras línguas. Ele sabia. O jovem disse para si mesmo: eu consigo.

Ele fez a entrevista e passou na seleção. Sua felicidade foi explosiva. Por enquanto navega, mas daqui para a frente é só um pulo.

As oportunidades surgem às vezes de surpresa. O importante é agarrá-las.

Uma garota conheceu um rapaz. Alguém que valia a pena manter uma amizade. Ela queria estar próxima e sabia como. Teve uma ideia. Ele era esqueitista e quase todos os dias treinava no mesmo lugar, no mesmo horário. A única maneira de se aproximar era aprender a andar de esqueite. Uma loucura. Suas amigas discordaram:

– Vá lá, converse e pronto! Para que tanto?

– Ele é diferente. Quero investir nele.

A oportunidade estava lá nos mesmos dias e horários. Tudo de que precisou foi atitude. Para ela, o rapaz era quem esperava...

Não escutou os comentários de suas amigas, pôs a cara à tapa e foi para a pista com seu esqueite novo. Tombos, tombos. Alguns meninos riam, mas aquele em especial veio em sua direção e falou:

– Deixe que eu ensino você.

Impossível esquecer aquele sorriso tão lindo, aquele brilho no olhar tão esplêndido. No fim do dia, ele a chamou de volta:

– Amanhã eu mostro aquela manobra.

– Eu venho! – disse entusiasmada.

A amizade solidificou-se e ela aprendeu a andar de esqueite; anos depois finalizaram planos juntos, pois tinham ideias parecidas. Faculdade, viagem, momentos inesquecíveis, casamento...

E se ela não arriscasse? Perderia tudo isso.

Arrisque, porque se não o fizer, como saberá se dará certo ou não? Arrisque! O mundo é feito de tentativa e erro. Omitir-se é a melhor solução? Temor leva aonde? A lugar nenhum! Decidir e pôr em prática agiliza as coisas, movimenta positivamente.

Capítulo Cinco

Troca de Energia

Augusto...

Solicitei ao Augusto que me permitisse acompanhar uma de suas aulas. A resposta foi sim.

– Mas eu tenho uma dúvida – eu disse.

– Qual?

– Se auxilia inteligências de hierarquias inferiores a sua, por que comparece às palestras de Anabel e Madhava?

– Ué, Samuel! Já não discutimos sobre isso?

– Discutimos?

– Quem ensina também aprende, mais ainda do que o educando.

– Aaaah, sim! – minha sensação era de vergonha. Quando iria findar essas emoções tão ruins?

– Assimilou? Não é porque dou assistência a alguns que cheguei ao fim da minha estrada!

– Então em quanto tempo vou subir de nível?

– Está com a opinião distorcida.

– Explique, por favor, Augusto!

– Ainda não apreendeu os ensinamentos de hoje. Pondere sobre eles calmamente. É desnecessário contar-lhe.

– Preciso descobrir por mim mesmo, né?

– É.
– Anabel sempre repete essa frase – relatei.
– Ele sabe o que faz.
– Caso contrário, não adquiriria o título de mestre. Lembrei-me de uma coisa... Anabel também comenta que, para ganharmos soluções, temos de merecê-las. Não é a minha situação?
– Ouça bem, Samuel...
Fixei meus sentidos somente nele.
– Está agitado, ansioso pela graça maior. A ansiedade o retira do caminho. Você se perde. Esteja concentrado nas mensagens, na paz interior. Seja grato por sua iluminação presente. Dispense complemente o desejo de superioridade moral. Aposto que pechincha sua ascensão a Deus. Correto?

Ouvia aquilo como se fossem espinhos perfurando a carne. Julguei-me tão ignorante! Sentia fingir ser o que não era. Augusto reparou meus pensamentos. Estes, por sua vez, estavam mais rápidos e confusos, até se organizarem um pouco. Ele observava mudo, aguardando meu próximo passo.

Uma vontade esmagadora de chorar transbordou de mim. Agora ele proferia:
– Entre em sintonia com o Divino. Tenho compromissos, mais tarde retorno – beijou meus lábios e foi.

Deixou-me ali perplexo, ajoelhado debaixo de uma árvore. Olhava aquela imensidão verde. Dirigi-me até um dos templos da colônia. Dialoguei com o Eterno. Procurei conclusões, formulei mais questões... De repente, Anabel apareceu.
– Mestre?
– Augusto comunicou-me onde estaria.
– E mais, né?
– Toda a conversa.
– Ele não me pareceu preocupado com os altos ensinamentos que me recitou. Acho que, talvez, o mestre deveria fazê-lo... Porém, ele pode?

– Imagine uma criança desconhecida brincando com fósforos, só porque não é sua filha, permitirá? Ela está em sua frente e você precisa alertá-la do perigo e educá-la para que nunca faça aquilo.

– Entendi – eu disse estático.

– Desgostou das palavras dele?

– Refleti sobre elas profundamente. Interpelo por curiosidade. É uma alma nobre.

– Somos – o mestre disse seguramente.

Mirei-o buscando compreender. Agradecer por algo futuro? Ou será pelo presente que sequer percebemos? Respostas, respostas, quero respostas.

Anabel...

Um mestre calmo e dedicado. Qual deles não é?

Adapta-se aos "iniciados". Conta apenas aquilo de que necessitam saber. Ele indaga e nós respondemos. Lapidava nossas resoluções enchendo-nos com mais perguntas. Bastante comum. Pondero e acato suas explicações o máximo possível. Obedeço a suas ordens sem reclamações – ele me ensinou isso.

Nem sonho o que seria de mim sem ele e Madhava. Será um problema ter dependência? Consultá-lo-ei.

Se falhasse em uma missão, já previa sua dissertação:

– Isso é normal, ainda aprende os caminhos do coração. Todavia, nunca desista e sempre batalhe por fazer melhor e melhor! Aí, um dia, cometer erros será algo bem longínquo.

Conversei a respeito disso – falhar em um serviço. Ele riu com vontade.

– Não conseguir? Samuel! Até agora possui dificuldade na compreensão da justiça divina? Da Lei?

Minha expressão, claro, foi de desentendido.

– Ponha a cachola para funcionar! Por que é aluno em vez de mestre, como eu?

– Por quê? Ora... Por que ainda não sou capaz?

– É. Acertou. Acha que o imputariam algo o qual é inapto para concluir?

– Nesse caso executarei sem empecilhos meus trabalhos?
– É por aí!
– Hummm.

Perpetrar erros é possível, entretanto, não alcançar o fim de um objetivo, isso de modo nenhum!

Sermão...

Logo fui procurar por Madhava e Anabel em seu escritório em um prédio no centro da colônia – podia-se chamar de torre de comando. O prédio era alto, havia árvores em volta. O pátio era repleto de flores. E o mais interessante era a sua transparência. Peguei o elevador. Como era transparente, podia ver ao longe os pomares e o lago. Eu tinha dúvidas. Os dois estavam encarregando "construtores" de suas tarefas. No corredor para a sala deles, havia pessoas esperando. Fui entrando sem falar nada.

– Olá, Samuel! Algum problema?
– Atrapalho?
– Deveria estar numa construção, não é verdade? – Anabel indagou cínico.
– Fiz uma pausa.
– Ansiedade? É penoso aguardar até amanhã após a aula? Estamos ocupados, mas nunca deixaríamos de atendê-lo – Madhava falou em tom suave. – Leio-o e peço que aquiete suas emoções. Pode ir!
– Mas...
– Escutou sua mestra?! – Anabel disse fortemente.
– Sim.

Os dois se entreolharam e eu saí cabisbaixo do prédio.

– O que faremos com ele, Anabel?
– Ah, boa pergunta, Madhava!
– Hummm... Terapia?
– Magnetização? Hipnose?
– Do gênero – ela disse.
– Talvez dê certo. Mais tarde acharemos uma solução.

Era mesmo um estúpido, um idiota desesperado. Entretanto, aquilo não podia me afligir. Eles almejavam meu bem. Precisava entender o quanto se fazem necessários "puxões de orelha". Doem, porém são essenciais. Poucas vezes recebi sermões dos guias, contudo, quando aparecem...

Relaxamento e Reposição de Energias...

No dia seguinte, após a reunião com os mestres, eles mesmos procuraram por mim. Siga-nos! – exclamaram.

Chegamos à cachoeira da nossa colônia. Água cristalina. Bastante vegetação em volta. Pássaros sobrevoavam o local e escutava seus cantos. O barulho da água também era muito bom. Entramos na água. Cada um deles, Anabel e Madhava, tocou meus ombros. Encontravam-se um pouquinho atrás de mim.

– Feche os olhos! Concentre-se nos sons! Em nossas vozes – Madhava dizia.

Tornei-me leve instantaneamente.

– Sinta revitalização – Anabel recitava. – Energia ativa e radiosa gira por todo ser. Está relaxado, cada vez mais relaxado. Você é o mar, é uma onda que se espalha. Retorna e desaparece. Mistura-se ao planeta.

– Frescor está correndo por você – Madhava continuou. – Gelado. Natureza. Flutuando, flutuando, uma bolha de sabão.

Ali caí nos braços de Madhava. Descerrei os olhos. Permaneci calado e paralisado. Afundaram-me na água por instantes. Retiraram-me dali e prossegui deitado nas pedras. Fitavam-me de forma amorosa. Inspirei profundamente, expirei. Abracei-os com ternura, carinho. Beijei suas mãos – agradecimento ao que realizavam e à proteção.

Minha vontade era a de me conservar juntinho deles como uma criança com os pais. Madhava alisava meus cabelos. Anabel segurava minha mão, acariciava meu rosto. Estava no Paraíso. Merecia tanto acalento? Eles me tranquilizaram; era a pretensão.

Capítulo Seis

Visita a Outros Planos

Ananda convidou-me para um passeio a outros planos. Ela queria visitar alguns seres amados.

Aquele grupo familiar se reuniu em um salão enorme e bem iluminado. A vista da janela era um alto pico branco de neve. A porta de entrada deveria ter quase três metros de altura. As janelas na mesma proporção. O riso e a conversa eram contagiantes. A influência era completamente positiva.

Ananda entrou. Usava as vestes brancas, seus longos cabelos castanhos esvoaçavam com a brisa, seus olhos cor de mel encantavam todos que estavam ali. E ela logo foi reconhecendo os irmãos. Alguns também eram meus conhecidos – já que Ananda e eu repartimos diversas existências.

Quando todos se faziam presentes, iniciou-se uma oração e, em seguida, cada um de nós falou de si. Alguns estavam encarnados, pois se via o fio de prata que os atrelava ao corpo material. Relatavam seus projetos e funções, pediam conselhos e ajuda.

– Por favor, amigos e irmãos, estou enfermo e solicito a oração de vocês neste momento. A dor é tremenda e não sei quanto tempo ainda permanecerei encarnado.

Todos direcionaram suas vibrações de cura ao irmão. Uma chama verde o rodeou e o envolveu refrigerando sua alma, abrandando a dor e manifestando a sua melhora.

– Obrigado, queridos, obrigado!

O encontro foi muito agradável. Rever os familiares era sempre um contentamento. Uma felicidade.

Nós dois regressamos à colônia. Sentamos debaixo de uma macieira, naquele imenso pomar onde havia variedade de frutas e a grama era de um verde admirável. Mais à frente havia uma trilha, um caminho que dava no jardim. Era o mais lindo que já tinha visto. Até parecia que todas as flores do mundo estavam lá. Ananda deitou no meu colo. Ficou mexendo em meus cachos negros, olhando-me com ternura.

– Viu? A Catarine evolui mais rápido do que pensava – comentou do encontro. – Já é uma instrutora!

– Verdade. Enquanto isso eu fico na mesma.

– Hã? Claro que não, Samuel! – fitou meus olhos. – Você está crescendo. Sua consciência se transforma e se aperfeiçoa a cada amanhecer. Toda manhã nos reunimos e ouvimos as lições dos mestres. Somos constantemente lembrados da Senda que precisamos seguir. Estão lapidando o nosso ser, Samuel. E a paciência faz parte do processo. Tenha paciência! A ansiedade não vai ajudá-lo a se desenvolver. Ela vai corroê-lo. Permitirá isso? Inexiste função mais valorosa que outra. Todos nós fazemos a nossa parte no Universo. E todos somos filhos do Pai; ninguém é mais importante que o outro! Ainda é complicado assimilar essa ideia, Samuel?

– Perdoe-me! É a ansiedade me consumindo.

– Sei – ela levantou e me abraçou. – Abrace-me! Abrace-me! Ame-me! Ame-me! Apenas ame, Samuel! Nada de preocupações. Apenas ame e consinta em ser amado! Verá que tudo simplificar-se-á!

– Eu amo! Eu amo! Ame-me, também! – rimos. Então permanecemos admirando o majestoso céu do paraíso...

Capítulo Sete

A Aula dos Mestres sobre Justiça Divina

Mais uma reunião se fazia naquela radiante manhã. Os participantes davam as mãos perfazendo um círculo e agradeciam a oportunidade de aprender, elevar-se e progredir. Estávamos ao ar livre, como sempre é. Com o canto dos pássaros e com as sombras de árvores frondosas.

– Pai, agradecemos-lhe por mais esse encontro em que poderemos evoluir e refletir sobre o Universo e suas leis. Agradecemos por estarmos unidos sob Seu poderoso nome e damos graças por Sua mão benigna que cai sobre nós. Obrigado, Pai. E assim é!

Abriram os olhos e o mestre encetou sua proposta de aula.

– Muito bem, queridos amigos e irmãos. Quem pode citar uma penitência que Deus tenha lhe sentenciado alguma vez?

Os participantes entreolharam-se e sentiram que continha algum erro naquela pergunta.

– Alguém pode falar?

Um deles se pronunciou:

– Mestre, eu!

– Diga!

– Nos tempos em que não era fiel e negava a presença divina, todo tipo de desastre e miséria me ocorria. Perdi a perna em um duelo, minha casa foi adquirida pelo banco, virei um mendigo. Tudo aquilo foi penitência por meus atos e pensamentos que não condiziam com a moral e o bem.

– Deus o castigou?

– Acredito que sim, pois mereci. Foi uma reação ao meu caminhar torto.

– Reação? Agora disse a palavra que eu queria. Deus realmente pôs sua ira sobre você ou a lei de ação e reação determinou sua perdição? Quem o conduziu à miséria?

– Minhas lamparinas estavam apagadas, eu fui o culpado por todos os meus sofrimentos.

– Ah, sim. Então me responda: quem o condenou à dor?

– Eu me condenei, mestre.

– Ah, muito bem... Por acaso não foi o Pai Celeste que o fez?

– É... Sim, mas...

– Você pronunciou: "Eu me condenei". É isso o que ocorre. Deus o castiga? Hum... Deus lhe deu a escolha entre o bem e o mal. Ele disse que pode seguir o caminho que preferir. Como Ele o condenaria e castigaria, repudiaria, se fosse por um caminho e não por outro? Ele não lhe deu a escolha? Não estou dizendo que o mal é uma escolha sadia, digo que nós mesmos pagamos por nossas preferências. Nós nos condenamos; não Deus! Nós que optamos pelo erro e saldamos isso. Caso Deus nos penalize por uma escolha a qual realizamos, isso quer dizer que não há mais o livre-arbítrio! Por fim, toda a fé dos primeiros tempos cai por terra abaixo. Analisem! Você faz sua sorte. É sua consciência que manda! Essa é a verdadeira justiça divina. Ação e reação. O que dá, recebe! O que planta, colhe! Nada mais imparcial, honesto! É dessa maneira que Deus trabalha. Não é um castigo, é uma consequência. Uma consequência aos seus atos; uma resposta. A consequência é suficiente. É um castigo, se assim entendem. Se você não plantou o feijão ou o milho por preguiça, não o terá mais tarde quando precisar comer. Nada plantou, nada colheu. Foi o resultado, e você já não pode compreender e aprender com isso? Ah, não, Deus é injusto! Está nos punindo, estamos passando fome. Tome cuidado com o que diz! Então sua vida acaba, você nada fez de aproveitável, era indiferente aos irmãos, só orava a Deus na necessidade ou nem cria n'Ele. Aí o Supremo diz: "Agora você verá o fogo eterno, pois foi um mau filho. Eu o julgo. Eu o condeno ao sofrimento eterno! Estará fora de minha vista por todo o sempre!"

Por favor, isso é aceitável? Cadê o direito de escolha? Ele não opinou bem, fatalmente sua sorte será o lago de fogo eterno. Não, nessa teoria inexiste livre-arbítrio! Claro que se negarmos a Presença Divina em nossa vida, Ela se afasta; todavia, jamais o negará como seu filho amado. Que absurdo seria se isso ocorresse! Como o deixar no inferno eterno longe de Suas vistas, como se Ele não existisse mais?

Você foi ruim, perverso, terá sua consequência. Negou a Presença? Ela se dispersa, mas continua lá de cima o observando. Se você a chama de volta, Ela atende. Por que não?

Então você colhe os frutos, sejam gostosos ou podres! Segundo suas ações, receberá.

"Deus retribuirá a cada um segundo suas obras." (Romanos, 2, 6)

– Por isso há a reencarnação, mestre? Para que aprendamos? Para que gozemos de uma nova oportunidade de fazer melhor?

– Sim. A vida humana é uma escola. Necessitamos nos aperfeiçoar todos os dias. Estamos sempre em desenvolvimento. A encarnação é a prova de Deus, porém ela apenas serve para nos corrigir e não condenar! Percebe a diferença? Quando corrige alguém, este aprende com o erro, se for esperto, claro! Entretanto, quando você, pelo contrário, apenas condena – "Você fez errado! Seu burro! Castigá-lo-ei!" –, a pessoa nada absorve da experiência, nada melhora; em vez disso, piora e pode até mesmo repetir o erro.

Corrigir é alertar as falhas e ensinar!

"O quê? Não, não é assim que se faz! Deixe que eu mostre como é..."

É assim que Deus trabalha. A dor e o sofrimento são nossas provas, nossos testes, nosso conserto e nossa correção. E digo que a prova do Senhor existe para sermos aprovados! E mais uma coisa: Deus não lhe dá o peixe, Ele lhe dá a vara para pescar. O que isso significa? Que Ele deseja ensinar, Ele quer que aprenda e vença por seus próprios méritos! Olhe que coisa fabulosa! Por isso o direito de escolha! Tudo o que colher será por seus próprios méritos!

A vida é essa vara, o peixe nosso alimento – que é Deus. A vida é o instrumento que Deus nos dá para aprendermos a pescar.

Devemos ser atentos. E estarmos sempre com as lamparinas acesas. Deus lhe dá os sinais, tem de saber interpretá-los. Estar em unção e adoração.

Todos os presentes se envolviam na palestra do mestre e saíam de lá admirados, extasiados, como se houvessem tomado uma injeção de ânimo. A palavra ia tocando fundo no coração de cada um e todos tiravam suas conclusões.

A cada minuto que se passava, eu mais me convencia de que o mal era uma mentira. De que era uma invenção do homem ignorante e sem luz. As trevas nada mais são do que a falta de luz!

Capítulo Oito

O Poder Fluídico

Um novo integrante surgiu em nossas reuniões. Chamava-se Isaac. Pedimos que contasse um pouco de sua história, principalmente os últimos atos.

– Na existência mais recente fui um assassino sádico, um criminoso sem caráter. Minha penitência foi a morte. Encontrei-me em trevas absolutas e meu sofrimento aumentava à medida que ouvia as lamentações das minhas vítimas. Não tinha paz em momento algum. Observava aqueles olhos ferozes me julgando. Horrível! Um peso abominável abateu-se sobre mim e o arrependimento corroía meu ser, meus pensamentos.

Escutava espíritos maldosos rindo, falando coisas desmotivadoras e levianas. Suplicava a Deus que os tormentos findassem, que estava contrito... Ele atendeu às minhas preces e invocaram-me em uma sessão espírita. Deram-me conselhos e oraram por mim. De tempos em tempos, retornava a dialogar com aquelas pessoas e relatava minha resignação à vontade do Senhor. A agonia não cessava, fortalecia-me e a enfrentava.

Até que uma luz veio em minha direção e fui resgatado por um dos irmãos que aqui me trouxe. Agradeço ao Pai por essa incrível mudança. Na encarnação seguinte, ajudarei aqueles a quem causei prejuízo, como forma de anular esse carma maligno. Contudo, realmente sinto essa vontade, senão de nada adiantaria – concluiu.

Após a sessão, questionei Anabel o porquê de em nosso grupo haver tantos níveis distintos de espiritualidade. Respondeu que nesse caso achou conveniente os de grau menor se instruírem com os de grau mais elevado.

– Tê-los como exemplos?

– Não como exemplos, porém como estímulo.

A Doença...

– Por que não como exemplos?

– Hammm... Copiar palavras, modo de agir, etc., não é o mesmo que sentir interiormente; entende?

– Ah! Seria apenas exteriormente, quando as verdades têm de emergir?

– É. Se eu disser exemplo, alguém pode interpretar de modo errado. E cada um é cada um. Algo útil ao Augusto, possivelmente, não serviria a você!

– Hummm... Interessante. Acho que nos testa – os menos adiantados – colocando-nos lado a lado com "nossos superiores"! Observando se faremos o que acaba de me explicar!

Anabel riu.

– Se fosse, por que lhe contei?

– Por quê? Porque eu perguntei!

– Nem tudo o que questiona está hábil a saber! Talvez eu possa ter mentido ou ocultado!

Congelei. Às vezes me sentia tão pequeno! Dei uma risada sem graça e sumi.

Reparei no quanto ainda precisava amadurecer. Era um bobo imaginando ser evoluído.

Era alguém qualquer, de importância mínima.

Ananda me viu solitário na biblioteca da colônia. Ao meu lado havia diversos livros: *O Segredo da Meditação; O Pico do Monte; A Cura Soberana; O Espírito Iluminado; Razões para a Felicidade; As Raízes das Paixões; Controle o "Eu" Ilusório; A Leitura das Escrituras Sagradas...*

– Mas Samuel, por que tantos livros? Necessita de auxílio? Por acaso está doente?
– Doente? Não!
– Será transferido se continuar assim!
– Assim como?
– Fingindo uma doença!
– Fingindo?! Ananda!
– Pare de se fazer de "coitadinho!" Pare! Porque ninguém aqui possui dó! Levante a cabeça e siga em frente! Não permita que o levem daqui!
– Para onde iria?
– Para bem longe daqui!
– Eu quero ser digno de estar aqui! Eu quero!
– Então demonstre em suas ações diárias! Viva isso!
– Está cheia da razão.
– Desejo ouvir: "Já estou agindo, Ananda!" Isso o que pronunciou nem conta...
– Tudo bem. Já estou agindo, Ananda!
– Mais alto!
– Já estou agindo!
– De novo, forte!
– Estou agindo! Agindo!

Os outros presentes no recinto olharam, mas não se incomodaram. Nesse ambiente etéreo, o aborrecimento, a fofoca e a briga não existem.

– Haverá um momento em que livros serão descartados por você, Samuel! Fórmulas... Usar uma fórmula sem conhecer o assunto, sem compreendê-lo; apenas aplicar?
– Anabel conversou a respeito disso comigo. Até mesmo as mensagens que você me deu, né?
– Tanto escrito como pronunciado!
– Assimi... É, quero dizer, estou agindo!

Ganhei um sorriso, e um sorriso dela para mim é como o raiar do dia após meses de escuridão.

É igual ao calor do seio materno.

É como a vitória depois de uma luta ardente.

Beijei-a nos olhos – a visão que possui de mundo – e na testa.

O único perigo era o apego a essas pessoas especiais em minha estrada, travessia; entretanto, me concentrava. Mentalmente recitava mantras e procurava sintonia com o Divino.

– Samuel, ei, psiu! Samuel!
– Hã?
– Está viajando?
– Distraí-me!
– Venha cá! Abrace-me! Vamos colocar esses livros no lugar?
– Nem "unzinho" pode ficar?

Ela pôs as mãos na cintura e virou a cabeça.

– Tá bom!

Campo Energético...

Repararam na mudança de minha energia pessoal. Madhava nos viu juntos na ponte do lago e chamou Ananda.

– Você realizou esse trabalho energético?
– Sim.

Madhava acenou e lhe atendi.

– Dê-me suas mãos – ela estudou meu campo energético. Também colocou suas mãos na minha testa e na minha nuca. – Já pode ir! – ela disse. – Retirei-me.

As duas prosseguiram um diálogo. Queria escutar...

– Poderia especializar-se mais em curas. O que acha, Ananda? Está adquirindo poder.

– Se acredita na minha capacidade, eu estudo. E é claro: creio em mim.

– É o fundamental!

Madhava foi conversar com Anabel.

– Tive uma ideia.
– Qual? – ele interpelou.

Primeiro ela contou sobre a experiência de Ananda.

Enquanto os dois instrutores trocavam palavras, "Bem-aventurança" retornou até mim.

– De segredos com Madhava?

– Não. Vou me especializar em curas. Aprenderei a ter maior controle sobre as energias.

Um lindo som corria pelo ar... Talvez as cantorias vindas do templo... Ou de outro plano?

– Ouve os cantos celestes? – eu perguntei.

– É o coral do templo. Vamos assistir?

– Vamos lá!

A própria música é uma oração, é louvor. Apresentaram um lindo musical. Os movimentos encaixavam-se perfeitamente, em uníssono as vozes cantavam.

– Por conseguinte Ananda trabalhará no tratamento de energias?

– Isso – Madhava afirmou. – Ela e Augusto poderiam resgatar almas da escuridão. Ele já realizou esse tipo de tarefa. O último integrante dos círculos, Isaac, foi trazido por ele.

– Com a força iluminadora dela e o potencial reformador dele, formariam uma dupla excelente – Anabel opinou.

– Como eu falaria.

– E novos círculos nesta colônia apareceriam? Mas pensa em guiarem tais círculos? – ele questionou.

– É cedo para comandarem grandes reuniões. Há a possibilidade de regenerarem, restaurarem os que trazem à colônia.

– Compreendo... Ela faria o serviço fluídico e ele a preparação indispensável às sessões de estudos superiores.

– Você concorda, Anabel? Isso mesmo, é a minha ideia! É o próximo passo deles, não é?

– Aceito o seu plano, é bom. E o Samuel?

Ananda e eu continuamos no templo após o encerramento dos cantos. Saímos um pouco depois e fomos passear pela comunidade.

O Hospital...

Visitamos o hospital no qual ela trabalhará. Observamos os leitos e uma consulta. O prédio era bem parecido com os terrenos. Sua cor era branca. Nas janelas, eu reparei haver sinos de vento.

Ananda parecia feliz com a nova ocupação. Ela olhava deslumbrada para os irmãos fazendo trabalhos energéticos em recém-chegados.

– Será que farei boas ações aqui, em breve?

– Sim, claro.

– Mal posso esperar.

– Falando em ajudar... A qual fraternidade Augusto pertence?

– A de auxílio a espíritos confusos. Ele busca encaminhá-los à luz. Manda-os ao hospital e, depois, quando aptos aos círculos, integram-se ao meio.

– O Isaac veio do hospital, não veio?

– Sim.

– O que sucede por aqui?

– As energias são renovadas, conselhos são dados e metas impostas. É preciso contar-lhes seu novo estado.

– Alguns não percebem. Lembro-me do dia em que cheguei aqui. Demorei a acreditar que havia morrido, pois este lugar não é parecido com o céu que imaginava. Cadê os anjos com asas, harpas, nuvens? Todavia isso nem importava, apenas a sensação de intensa paz me dominava.

O hospital tinha vários andares. Lá dentro se passavam as consultas. Faziam-se as análises dos pacientes. Do lado de fora havia o pátio onde os doentes podiam andar, e, mais atrás, outros leitos. Os doentes precisavam de natureza, sol.

Caminhamos pelas ruas. Passamos em frente ao prédio no qual nossos mestres trabalham. A central de comando da colônia, se assim pode-se dizer. Lá organizavam as ações de muitos irmãos. O prédio era transparente, também com vários andares. Nas paredes, viam-se trepadeiras, plantas.

– Ananda, conhece alguma coisa da vivência dos guias?

– Aposto que nem mesmo eles se recordam.

– Como assim?

– À medida que subimos na hierarquia, perdemos lembranças das encarnações.

– Por que isso acontece?

– Porque é inútil. Já assimilou os ensinamentos, agora é natural do seu comportamento. Acredito que não se lembre de ser indígena.

– É... Verdade. Mas é possível em alguma época eu ter encarnado como um.

– Exato. Tudo fica armazenado no subconsciente. Você aprende o conceito, o vivencia. Depois a lembrança dos fatos desaparece e fica apenas o aprendizado, o que é de sua natureza. Todo esse tempo você foi se lapidando. Em vida, ninguém se lembra do que foi antes, e não precisa lembrar para saber quem é, no que acredita... Entende?

– E as suas vivências? Ainda estão na sua memória?

– Algumas – Ananda respondeu.

– O Samuel? Por enquanto o deixamos quieto, Anabel. Não acha?

– É precipitada qualquer atitude agora... Apenas cumprirá alguns afazeres com outros irmãos... Então Ananda fará parte da Fraternidade de Amor Universal, ainda fazendo parte da Branca.

– Ela tem potencial – Madhava afirmou.

– Mas, Ananda – eu disse – se cooperar no hospital, não estaria em outra corrente de poder?

Ela franziu a testa.

– Pensando bem... Estaria atuando na mesma área que o Augusto! Minha nossa!

– O quê?

– Madhava quer que eu participe de duas fraternidades!

– Nossa! É uma bênção! Irá procurá-la? – indaguei.

– Na próxima reunião eu converso com ela.

Capítulo Nove

Reencontros

Fiquei contente por Ananda, seu rosto brilhava. Percebi que logo desejava dialogar com Madhava. Indaguei-me se novas atividades estariam à minha espera.

O momento do encontro chegou e Ananda foi à busca de informação.

– Mestra!

– Olá, Ananda! Que a paz a envolva!

– Preciso perguntar... Ah! Que a paz a envolva, também! Eu trabalharei pela Fraternidade de Amor?

Madhava sorriu e contou seus planos de uma vez. Augusto se aproximava e a mestra o chamou.

– Sim, mestra! Aqui estou!

– Sentem-se os dois!

De longe observava a cena. O que Madhava estaria falando? O sol reluzia sobre eles e as flores estavam ao seu redor.

– Escutem! Ananda, sim, é verdade que participará da Fraternidade de Amor!

Ananda e Augusto entreolharam-se.

– Lá mesmo no hospital será orientada, aprenderá mais e prestará serviços; será encaminhada a outras missões, também. Tenho certeza de que os seus atendimentos serão excelentes!

Entreolharam-se de novo e sorriram. Vi o abraço deles e notei imediatamente o que ocorria. Provavelmente eles fariam uma nova dupla. Por conseguinte, isso comprometeria a nossa dupla. Talvez...

– Mas e os meus trabalhos presentes? – Ananda interpelou.

– Quando iniciar os novos, deixará a Fraternidade Negra. Será integrante apenas da Branca e da de Amor.

– E minha parceria com o Samuel? Desaparecerá?

– Por enquanto.

– Eu posso avisá-lo ou você fará isso?

– Eu.

Madhava me olhou fixamente. Era o sinal para ir ao seu encontro. Ela me explicou tudo e, em breve, formaria outro par ou trio.

Concentrei-me e nenhuma dor me afligiu. Repararam no meu esforço. Ergueram as sobrancelhas e deram um sorriso curto. Em seguida, a aula tomou seu rumo.

Quem seria meu novo parceiro? Ou parceiros? Minha ocupação atual está mais voltada à construção no astral. O rapaz que ajudo estava indo bem. Nada o impediu de viajar ao país onde sonhava realizar seus projetos de vida.

Ajuda...

A situação de minha última família lá embaixo está melhorando. Brigas, fofocas e desonestidades aos poucos cessam. O que falta são alguns pedidos de desculpas e perdões.

Uma boa pessoa deixou uma oração em um banco de uma igreja católica. Uma mensagem de conforto e que pronunciava deveres. Queria ajudar.

Um de meus netos passava em frente ao templo e "despertei" nele a vontade incontrolável de entrar e orar. Sentou-se no banco onde o papel estava e o leu atentamente.

Colocou as mãos na boca sem acreditar. Dizia exatamente o que necessitava compreender:

Perdoe se quiser ser perdoado! Ame se quiser ser amado. Mas não aguarde trocas, apenas ame. Respeite.

O rancor e a mágoa farão seu coração secar. O Senhor o escolheu para um ato de amor. Espalhe boas sementes, dê alegria e paz!
O Senhor o escolheu.

Aquilo indicava que tudo o que oferece a uma pessoa ela lhe retribui igualmente. Se você sorrir para alguém, ela sorrirá. Se for gentil, ela também cuidará de ser. Por isso dizer "perdoe se quiser ser perdoado" e "ame se quiser ser amado". Mas não com a intenção de troca – fala –, pois nenhuma intenção a não ser o amor deve subsistir.

Meu neto soube na hora que era com ele, pois necessitava perdoar e ser perdoado. E que deveria apagar rixas do passado. Não valia a pena guardar rancor ou orgulho – insistir em estar certo, não dar o braço a torcer.

Permaneceu alguns minutos orando ajoelhado, agradecendo. Ao sair dali, foi direto se desculpar com quem deveria: a irmã. E com esse ato de arrependimento ela fez o mesmo e se entenderam.

Poderia ter sido um versículo da Bíblia, um programa da TV, um livro inteiro... Senti-me contentado com o belo fluido emanado deles. Melhor do que ser auxiliado é auxiliar! Sem dúvida!

Reencontros...

Como os rios que inundam planícies, meu coração igualmente se enchia de felicidade suprema. Rever almas queridas, amadas, é ótimo.

Bhajana (significado: devoção intensa do tipo mais elevado) foi minha mãe, meu irmão... Essa ligação é tão intensa quanto a que possuo com Ananda. Bhajana veio me procurar contando de sua transferência. Esperava-me na porta do templo. Não a via há tempos.

– Vim ficar com você, irmão!
– Sério? Por que sou sempre o último a saber? – perguntei.
– É bom vê-lo outra vez!
– Sinto o mesmo! Será maravilhoso unirmos forças!
– Sim, será – ela afirmou. – Soube que servia junto de Ananda.
– Sim.
– Ó minha eterna donzela!
– Já a viu?

– Ainda não.

– Logo a encontraremos, está estudando. Suas próximas missões pertencem à Fraternidade de Amor.

– Hummm...

– Conversou com os mestres?

– Sim – ela respondeu. – Explicaram-me nossos deveres seguintes. Nada a que não estejamos acostumados!

– É... Permanecerei no mesmo sistema por enquanto. Já tem visão de outro em breve?

– Estou sem informações acerca disso.

– Hum – suspirei. – Então... Acompanha-me até os mestres? Estão aguardando, eu sinto.

Chegando à sala dos superiores, no prédio da regência, avisto Vibhuti (significado: 1. Onipotência, majestade, dignidade, poder; 2. Expansão; 3. Grandes riquezas, tesouro), um grande pai qual tive. Ele sorriu e me abraçou forte. Aquele dia estava excepcional!

– Quantas surpresas tenho hoje! – exclamei.

– Olá, filha! – Vibhuti dá um amplexo em Bhajana.

– É verdade, mestres, que sou sempre o último a obter esclarecimentos?

– Que isso, Samuel? – disse Anabel. – Sente-se!

Acomodo-me de frente para eles. Estavam lado a lado, em posição de cooperatividade em uma mesa oval.

– Bem, Samuel, percebe que seus novos companheiros são seus irmãos Bhajana e Vibhuti – Anabel elucidava. – Quando for chegada a hora, chamá-los-ei. Podem retirar-se, irmãos, conversarei melhor com Samuel.

– Até logo, Samuel! – despediram-se.

Inteiraram-me dos novos atos e senti-me apaziguado, relaxado. Após sair do prédio de missões, fui à procura de Ananda. Ela corria em minha direção com um lindo sorriso de contentamento e os olhos iluminados. Pulou em cima de mim, caímos no chão.

– Ananda, o que lhe deu, oras!

– Ah, claro que você sabe!

– Bhajana, nosso amado? Seu amado eterno? Uma das rosas de seu jardim, como diz? – ela consentiu balançando a cabeça.

– Ela estava com o seu pai e meu esplendoroso salvador.

Vibhuti resgatou Ananda dos maus pensamentos diversas vezes. Foi seu confessor assíduo... Por vezes o chamava de pai, assim como eu fazia. Fê-la desistir do suicídio, tirou-a da depressão, conseguiu despertar seu espírito e a conduziu aos melhores princípios.

– Ele beijou-me os ouvidos – contei.

– Ele beijou-me os olhos – ela disse. Mirei seus olhos e ela os meus.

– Completamo-nos pelo visto.

– Sempre foi e será – Ananda pronunciou.

Que paz!

Capítulo Dez

Do Fundo da Alma

No dia seguinte, encontrei-me com Augusto. Perguntei:
– E então? Verei uma de suas aulas?
– Venha!
Chegamos a um dos templos. Em volta, muitas flores e uma árvore cheia dessas de cor violeta. Aguardamos os alunos em uma sala ampla, branca, bem iluminada e vazia. Ondas celestes inundavam o local. Os dois ouvintes foram chamados pelo pensamento de Augusto.

Apresentaram-se e sentaram no chão.
– Este é Samuel e permanecerá hoje conosco. Deram-me boas-vindas.
– Dissertaremos acerca de experiências e o que elas nos dizem. Expliquem-me esta frase de George Bernard Shaw: **"Os homens são sábios não na proporção de sua experiência, mas sim de sua capacidade para a experiência"**.
– Posso? – questionei.
Fez sinal para que eu prosseguisse.
– Bem... Há experiências grandiosas e cotidianas; e todas elas nos levam a algum ensinamento. Uma catástrofe seria uma ocorrência que o faria pensar, contudo isso é incerto, se realmente o comove. Um versículo da Bíblia é capaz de fazê-lo meditar ou não.

Não é o incidente que propicia o raciocínio; é o modo como o interpreta. A sua interpretação dos fatos que o faz indagar, buscar resoluções. A dimensão do acontecimento pouco importa; quem cria o valor é a pessoa. Saber enxergar e absorver conhecimento.

Fitei-o aguardando o resultado.
– Está compreendendo – disse Augusto.
Sorri feliz. Precisamos de estímulo, né?
– Apliquem sua atenção às mensagens. Uma pequenina semente transforma-se em uma árvore, se plantada e cuidada. No princípio, figura-se inútil, entretanto, se olhar adiante, verá os frutos; e nestes mais sementes, então a sua vista alcançará o infinito.
– Como é possível reconhecer uma mensagem? – um dos alunos perguntou.
– Um filho reconhece a voz do pai, não? – Augusto retorquiu.
– Vem do interior?
– Sim. Encontrar-se é conhecê-Lo.
– Por quê? – insiste.
– Porque Ele nos criou. O Pai sempre vive no filho.
– Como na matéria, na qual a herança genética é repassada? O mesmo, de certo modo, repetir-se-ia no etéreo? Quis dizer que Deus nos fez a partir d'Ele mesmo, isso nos leva à ideia que acabou de expressar – falei.
– Correto o desenvolvimento. Daqui a pouco serei forçado a retirá-lo do local... Para tudo acha conclusão! – rimos.
Foi ótima e renovadora aquela situação. Revitalizei-me. O sol brilhava para mim. As cores estavam mais vibrantes. Perto de Augusto me sentia forte, alegre, contentado.
Após a palestra, fui ao encontro de Ananda.
– Olá, Ananda!
Ela meditava em frente ao maravilhoso lago com patos e cisnes.
– Olá, Samuel! – abraçou-me e girei-a no ar. – Nossa! Que felicidade! Adivinha?
– Novos trabalhos?
– Hoje fiz uma reposição de energia.
Fixei-me analisando a tarefa dela e a minha, comparando...

– Samuel? O que foi?

– Nada. Logo serei eu que estarei atravessando de fase... Acha que é ruim lidar com a matéria? Que não contém o mesmo valor que o etéreo?

– Hã? Não, Samuel! Eles são iguais! Nós sabemos. Vivemos pelo amor real, seja ocupando-se com o físico, seja com o lado espiritual! Você é feliz, Samuel?

Que tipo de pergunta era aquela? – eu me questionei.

– Ananda... – meus olhos lacrimejavam, estavam avermelhados. Sensações distintas me possuíam, uma mistura. Ela pôs a mão em meu rosto. – Ananda, está me testando? Qual é o seu pensamento, agora? Eu sou luz!

Um lia as emoções do outro e nada poderia ser ocultado.

– Sim, você é luz! Entregue-se, Samuel! Entregue-se!

– Por que me olha desse jeito? Sou o de sempre! Creia!

– Da maneira como o vi, não o reconheci.

Afastei-me dela.

– Samuel! – ela se aproximou de mim. Segurou minha face com as duas mãos. Fitou-me nos olhos. Centímetros nos separavam. – Você conhece tudo de que precisa e não usa. Sabe disso, não sabe?

Ela tinha razão. Ali estava a diferença entre reter uma informação e a apreender corretamente. Abraçamo-nos, ela beijou-me nas bochechas. Cerramos a vista e continuamos desse modo por longo tempo – apreciando os bons fluidos.

Receitas...

Não existem receitas para ser alguém melhor. Conhecer é uma coisa, sentir e praticar são outras totalmente contrárias. Ananda me contava isso. E ainda havia o risco de eu rejeitar suas palavras, deixar de assimilá-las.

A mudança provém de dentro. Por mais que force o lado de fora, não há modo de reverter o que há no interior, de chegar lá. Viemos até mesmo de dentro de nossas mães! É natural. Essa é a lei.

A natureza vem da terra. Debaixo da terra. Alguns animais saem de ovos e outros, como nós, da fêmea. A transformação também tem de ser natural. De dentro para fora. O exterior influencia, claro. Mas a vida surge no interior.

Por mais que ouça conselhos, vem de mim a escolha de acolhê-los ou não. Por mais que receba conhecimento, eu determinarei se o seguirei ou não. A decisão é minha. Por isso a prática leva à perfeição – falo de viver inteiramente, com sentimento os ensinamentos de amor.

Tem de haver sentimento no que faz, senão ilude a si mesmo. São apenas ações inférteis. O sentido qual dá é essencial e a emoção vivida, fundamental.

Cada um interpreta a vida de uma forma. De que modo está interpretando a sua?

Então você diz:

– Que bobagem! O mundo é o que é! Impossível mudá-lo.

Responda-me se não é de alternativas que ele é feito? Concretize a sua agora.

Ananda...

Ananda beijou minha boca, que significava conhecimento transmitido. Beijei sua testa; beijei o que ela era, o que transpassava, seu "eu".

Ananda me tranquilizava, fortalecia-me. Já reencarnamos como irmãos, marido e mulher... Um elo inquebrantável. Nossa união sempre foi explosiva, inquieta. Nenhum de nós dava o braço a torcer. Um queria mandar no outro; porém o amor estava presente em nossos corações.

Confessionário...

A cada novo dia, uma nova reflexão. Quanto mais agradecia, mais dádivas ocorriam. Veio à memória a época de sacerdote. Quando me sacrificava para receber graças. Agora notava que isso não era mais necessário... Será que foi?

Se a meta é "atingir" o "eu" superior (a perfeição), por qual motivo dar atenção ao "eu" inferior (imperfeição)? Estamos visualizando de modo errado.

Se está amargurado, deve conduzir sua atenção ao que o deixa feliz, não é verdade? Se falta dinheiro, tem de raciocinar como se o tivesse e não que tem pouco. Entende?

Minha distração foi aquela. Em vez de me concentrar nas virtudes, observava somente meus desvios. O que fazia para arrancá-los era apenas me chicotear. Via-me tão incapaz do reino dos céus e, outras vezes, completamente merecedor.

Provar que suportava jejuns e punições corporais fazia-me alguém voltado à vida espiritual quando, na realidade, importava-se tanto com o lado material!

Devo citar a salvação, não o castigo. Devo enxergar a luz, não as trevas. Falar de amor, não de ódio.

Se desejo paz interior, preciso atraí-la. Nada melhor que pensar em Deus. Eis o segredo.

"Nem tampouco apresenteis os vossos membros ao pecado por instrumento de iniquidade; mas apresentai-vos a Deus, como vivos dentre mortos e os vossos membros a Deus, como instrumentos de justiça.

Porque o pecado não terá domínio sobre vós, pois não estais debaixo da lei, mas debaixo da graça." (Romanos, 6, 13-14)

Acreditava não ser digno do paraíso ao refletir sobre algo ruim. Já ao concretizar uma boa ação, sentia-me exaltado e às vezes o ego subia à cabeça. Parava e orava pedindo bênçãos.

Em algumas ocasiões, perguntei-me se um homem como eu poderia realmente pecar.

Minha vontade era a de que tudo fosse um equívoco e que São Paulo estivesse correto...

"Ora, se eu faço o que não quero, já o não faço eu, mas o pecado que habita em mim... Porque, segundo o homem interior, tenho prazer na Lei de Deus." (Romanos, 7, 20-22)

O que ele queria dizer?

Que, por sermos de carne, pecaremos? Todos estariam condenados? Paulo diz que dentro de nós vive o bem, essa é a salvação. Mas não sou eu culpado pelos meus pecados? É o mal que me possui? Discordava. Porém, eu li:

Portanto, agora nenhuma condenação há para os que estão em Cristo Jesus, que não andam segundo a carne, mas segundo o Espírito... E se Cristo está em vós, o corpo, na verdade, está morto por causa do pecado, mas o espírito vive por causa da justiça." (Romanos, 8-1 e 10)

Afigurava-se ter o homem duas mentes distintas. Como assim? Para mim, significava que antes a pessoa estava apoderada do mal e depois ressuscitava entregando-se à Lei. Ou que o corpo fazia uma coisa e a mente outra; e um não se misturava com o outro. Será?

Um estudo mais profundo dessas passagens fora realizado em uma das aulas de Anabel.

Ele concluiu:

– Qualquer filho "chegará" ao Pai. Qualquer um. Não interessa quanto tempo leve. Ele "chegará". Por isso o nosso destino é a morada d'Ele; por isso, ao recitar: "porque, segundo o homem interior, tenho prazer na Lei de Deus", de quem ele fala?

– Do espírito – responderam.

– Sim, é certo seu adiantamento. E por que aparenta retirar de si as responsabilidades?

– Não retira; notamos. Como está encarnado, suas tendências divergem para esse ponto. Ele relata bem a luta entre a vontade do espírito e a do corpo material; da dominação que buscam exercer um sobre o outro. A dualidade o atinge.

– Exato – Anabel disse. – Por conseguinte, ao seguir o bom caminho, não mais é guiado pela carne; suas inclinações afluem para o lado espiritual – o corpo morre e o espírito vive.

Augusto iniciou:

– Também é possível ressaltar a ilusão da alma seguindo o tema da dualidade: o bem e o mal; que não compreende ser admissível esquecer o errado, viver inteiramente no Senhor. Paulo entendia, pois diz que seu desejo era só o de praticar o certo, nunca o errado; porém as amarras ao físico o impeliam a tal – errar.

– Bom! E se a graça o completa, a ilusão cessa; estará iluminado. Salvo, como alguns pronunciam – Anabel rematou.

Incrível, analisava comigo mesmo. Fiquei meio "tonto" após aquilo – muitas informações de longo alcance reunidas, e ainda havia a possibilidade de estender o assunto! Coisa de maluco! Por horas a solidão me acompanhou. Remoí todas as frases.

"Ora, o homem natural não compreende as coisas do Espírito de Deus, porque lhe parecem loucura; e não pode entendê-las, porque elas se discernem espiritualmente." (1 Coríntios, 2, 14)

Examinava o olhar de Anabel ao ouvir Augusto discursar. Será que ele falava demais?

Era inato, isso eu sabia.

Capítulo Onze

O Céu, o Inferno e o Umbral

Augusto está em mais um resgate. Ele está acompanhado por mais quatro agentes de luz. Há uma alma que ora com fé, por isso vieram resgatá-la. Escutaram seu clamor. Foram atraídos por sua energia.

O Umbral é um estado de perturbação do espírito. Quando este não é muito adiantado, sente-se perdido, não consegue largar a Terra, pode achar que ainda está vivo. Por vezes sofre em um local escuro, fora da luz de Deus, seus pensamentos são caóticos.

Como ainda sentem como vivos, não percebem o que houve. Séculos se passam para alguns sem desconfiarem de seu verdadeiro estado. Isso pode ocorrer com suicidas, que já não se encontravam em bom estado emocional e, após a morte, ficam presos ao plano material por falta de desprendimento; então vivem no Umbral, uma espécie de purgatório. O Umbral também é um lugar no plano espiritual. Local frio, escuro e sombrio.

Alguns ouvem o sofrimento de outras almas e mais terror ainda lhes causa. Sentem a negatividade o consumirem. Deus, para eles, está muito longe.

É necessário que creiam na salvação, tenham fé, confiem em Deus para que saiam desse estado de espírito. É preciso que orem a Ele para que os sustente e os retire dessa prisão horripilante.

Os assassinos, por vezes, veem suas vítimas, o que traz pavor e com o tempo é possível vir o arrependimento. Com este o discernimento, por fim, a oração e a fé de que são capazes de sair de ambiente tão pavoroso.

Outros permanecem ligados aos corpos. Imaginam que foram enterrados vivos. É o que ocorre quando se prende exageradamente às coisas terrenas. "Nosso alvo é o Céu, nosso destino: as estrelas!" Essa é a nossa meta – o Céu.

A agonia do Umbral é uma reação dos atos do espírito em vida. O sofrimento moral é por diversas vezes pior que o físico. Lembrando que todo sofrimento, se compreendido e analisado, pode conter um ensinamento, um aprendizado que o faz ascender na escala da evolução. Sem sofrimento, não há crescimento.

"O homem que não é posto à prova, não evolui." (Goethe)

Ao sentir dor moral, como arrependimento, o espírito já demonstra a brecha para um resgate. A dor física quase não faz diferença, é o remorso que o corrói. É um passo para melhorar a percepção dos atos.

Como a compreensão da morte é demorada para muitos, a dor física é um evento comum. Sentem frio, calor, algum membro que foi danificado teima em doer, sentem sede, fome... Entretanto, Deus envia Sua luz àquele que a aceita. Como disse: tendo fé e orando. Por conseguinte, os anjos vêm em seu favor.

Lá estava a alma. O grupo de Augusto foi chegando perto dela. Outros moribundos tentavam chegar aos pés e às vestes de Augusto e de seus companheiros; porém, eram afastados. Os gritos eram aterrorizantes. Havia um intenso odor de sangue no ar. O espaço era completamente enegrecido, seco, infértil.

Ela tinha os olhos fechados, estava sentada no chão, percebia-se que orava. Ao se aproximarem, ela abriu os olhos. Primeiro o espanto, logo após o sorriso.

– Por que a surpresa? – disse o condutor do grupo. – Pensou que Deus não viria ao seu socorro, criatura de luz?

Ela não conseguiu exprimir uma palavra.

– Venha! – exprimiu outro. – Siga-nos!

Augusto pegou em sua mão e a ergueu. No mesmo instante, a cor da aura dela se transformou. Daquele opaco salmão, bem escuro, para um radiante e esplendoroso rosa-bebê. Suas vestes, de negras para salmão-claro. Seus olhos se interligaram nos de Augusto. E de castanhos ficaram amarelos ou caramelos. Augusto sorriu. Os cabelos negros desgrenhados estavam, agora, encaracolados e ruivos, penteados como de anjo. Toda a aparência exterior relatava a mudança interior.

Augusto a abraçou. Ela chorou em seus braços. Em seguida, pegou-a pela mão.

– Eu me arrependo – ela disse.

– Não, não, não. Não precisa dizer nada. Já sabemos! Basta crer no Amor do Pai de agora em diante – Augusto acalentou.

– Claro.

Começaram a andar.

– Olhe aquela luz. Siga-a!

– Mas e essas outras almas que choram?

– Chegará a hora delas como chegou a sua – o condutor do grupo disse. – Siga a luz que vê e preenche você!

Ela passou para o outro lado. Chegaram ao plano do amor.

– Meu Deus! Aqui é o Céu? – ela perguntou.

– Pode-se dizer que sim – disse o condutor. – Céu é o seu estado de espírito! Como lá era o inferno para você!

– Não foi isso o que eu aprendi em vida!

– Aqui você aprenderá muito mais! Tenha certeza disso! Você dará novos significados ao que já ouviu e estudou. O Senhor está consigo todo o tempo e jamais a abandonará. Saiba disso! Deus manda Seus anjos para salvá-la.

– Obrigada! Muito obrigada!

Ângela, seu nome, pega na mão dele e a beija.

– Que Deus a abençoe.

Ela olha para longe e vê rostos conhecidos.

– Mas não é possível – estava espantada. – Minha mãe! Não acredito! Marcos! – era o reencontro com os familiares.

Augusto dirigiu-se até o mestre Anabel e lhe perguntou:

– Deixe-me ensiná-la, mestre? Senti-me extremamente ligado a essa alma tão maravilhosa.

O mestre sorriu e respondeu:

– Sim, pode ensiná-la os novos costumes. Mais tarde, após terminar o reencontro com os irmãos da família dela, traga-a para a consagração, a "lavagem" da alma.

– Oh, claro, levo sim! – prostrou-se diante dele e Anabel tocou sua cabeça. Augusto incumbiu-se de conduzi-la por aquele novo mundo.

– Olá! Que a paz de Deus esteja com vocês! – cumprimentou os irmãos. Estava Ângela junta dos familiares.

– Paz de Deus, irmão! – responderam.

– Ele estava lá, mamãe! Ele estava lá quando me salvaram da condenação eterna!

– Sim, ele é um dos irmãos de salvação. É o trabalho dele – respondeu a mãe.

– Sou eternamente grata ao meu Deus! Obrigada, Senhor!

– Agora precisa vir comigo, Ângela!

Ela o fitou, depois a mãe e o marido...

– Vê-los-ei novamente?

– Sim, filha! Vá!

Ângela abraçou-os e foi com o Augusto. Pelo caminho, ela fez muitos questionamentos.

– Ainda nem sei o seu nome e você já sabia o meu!

– Augusto.

– Augusto. Bonito nome. Augusto, Deus é maravilhoso, pois achei que meu castigo seria eterno. Sabe o que dizem dos suicidas, não é?

– Sim, mas não é bem assim. Condenação eterna, Ângela, somente seria possível com um Deus eternamente perverso. Você acreditou do fundo do seu coração que isso era impossível. E é.

Deus é eternamente bom e misericordioso. Ele ama seus filhos. Como lhes dar um castigo que dure por toda a eternidade? Isso é ser pai? Se Ele é infinito, Ângela, suas chances também são. Se o tempo é infinito, nunca é tarde para se regenerar! Se você pede para entrar na casa do Senhor, Ele vai responder que não pode? Que você não é digna de Seu amor incondicional? Você acha mesmo, Ângela, que Deus seria assim? Perverso? Que tipo de pai Ele seria a ponto de deixá-la fora de Suas vistas, rejeitá-la como filha para todo o sempre? Acha isso sensato? Responda-me, Ângela, responda!

– Nunca tinha parado para analisar... Faz sentido. É real, pois estou aqui com um dos anjos do Senhor... No paraíso...

– Eu me comprometi a ensiná-la. Olhe para mim! – os dois pararam de caminhar. – De agora em diante, serei seu mestre e você minha iniciada.

Tudo aquilo era muito confuso e surpreendente para Ângela, ao mesmo tampo que era um milagre.

– Meu mestre?

– Sim, o seu mestre! Estamos unidos e assim será. A unção de Deus recai sobre nós. Perceba, veja nossa sintonia!

Ângela prostrou-se e beijou a mão de Augusto. Ele a ergueu.

– Sou seu mestre, seu irmão e pai a partir deste momento.

Augusto tocava os ombros dela. Uma luz os envolveu. A sintonia era feita.

– Sim, quero que me mostre o caminho. Eu sinto o seu amor. Isso é tão estranho para mim.

– Seja bem-vinda de volta ao lar!

Sorriram. Ele a pegou pela mão e flutuaram. Seguiram até o lugar onde fariam a limpeza espiritual. Era a mesma cachoeira onde estive antes. Um arco-íris se formou. Uma paisagem espetacular que, só de olhar, ameniza qualquer negatividade.

Outras pessoas estavam lá para assistir à purificação. Ângela perguntou se aquilo era um batismo. Anabel disse que não, que era um ritual para dissipar toda influência negativa a qual ela pudesse carregar.

Anabel a conduziu até dentro das águas. Mergulhou-a. Aos poucos ela foi relaxando, então ela viu tudo branco, uma paz intensa a invadia; ao fundo escutava cânticos, os quais não conseguia decifrar. Seu corpo foi amolecendo e todo peso sumindo. O mestre a levantou. Ela se sentiu outra pessoa. Uma força renovadora a invadiu. Havia tanto poder que por um minuto achou que era o universo inteiro...

– Ângela, Ângela, acorde!

Anabel a ergue, pega-a no colo. Ela volta a si. Coloca-a de pé.

– Obrigada! – Ângela agradece.

– Seja bem-vinda de volta! – disse o mestre.

Ela se dirige a Augusto. Entrelaça seus dedos nos dele. Nunca experimentou aquela confiança que agora tinha em Augusto. Eram milagres todas aquelas coisas. Apenas sabia agradecer e agradecer.

Augusto inspirava proteção nela. Jamais conheceu um sentimento como aquele, de tanto amor e devoção. Um amor diferente que não era capaz de detalhar em palavras; só vivendo para saber...

Capítulo Doze

Divindade

Os irmãos foram se dissipando, cada um retornando às suas respectivas funções. Ananda e eu fomos aproximando-nos de Augusto e Ângela.

– Que a paz do Senhor esteja com vocês! – Ananda cumprimentou-os e em seguida fiz o mesmo.

– Paz do Senhor! – os dois responderam.

Nós nos cumprimentávamos juntando as mãos e assentindo com a cabeça.

– Esta é Ângela – Augusto a apresentou. – Ângela, estes são Ananda e Samuel.

– Que bom recebê-la, irmã! Seja muito bem-vinda de volta para casa! – Ananda disse.

– Também fico feliz com a sua vinda, irmã Ângela! – falei.

– Obrigada por tudo! Estou completamente feliz e preenchida pela força universal que move todos nós!

Ao longe se ouvia a canção...

Sua vida mais feliz,
Mais vida,
Mais força,
Mais poder e gratidão.

Recompensa,

Amor de verdade,
Saúde e riqueza,
Abundância e prosperidade.
A serenidade
Invadindo seu espaço,
Seu coração contentado,
Preenchido pela Força Universal
Que move todos nós.

A Luz que vê e preenche você!
A Luz que vê e preenche você!

Até logo!

Nós quatro começamos a cantar juntos. A alegria era eminente. Demos as mãos e giramos numa ciranda. Ríamos. Até que paramos um pouco. Batia um vento forte e gostoso. Seu ruído acalmava.

– Tomei Ângela como minha iniciada e ela me tomou como seu mestre – disse Augusto.

– Que bom! Augusto é um excelente mestre, Ângela! Com certeza a fará evoluir na Senda mais rápido do que imagina – Ananda comentou.

– Sim, eu confio nele – ela o mirava com ternura.

– Ele nos entende e sabe como abrir os nossos olhos – eu realcei o comentário anterior.

Capítulo Treze

Fraternidade, Caridade, o Hospital

Mais uma aula de Madhava terminava. Ananda dirigia-se ao hospital. Eu fui até ela e perguntei:

– Posso ir com você e ver como é o seu trabalho?

– Ué, Samuel?! Mas você não tem que ir construir algumas casas? Os encarnados estão sonhando com elas.

– Sim, mas não posso ficar nem um pouquinho?

– Está querendo ser médico?

– E se estiver?

– Tudo bem. Vamos! E antes que se atrase demais!

Quando Ananda chegou, Ângela já esperava para uma consulta. Augusto a trouxe. Eu fui acompanhar.

– Você está com alguma dor? – Ananda perguntou.

– Não – ela respondeu.

– Sente algo? Fome, frio ou coisa do tipo?

– Estava com receio de dizer, mas sinto fome.

Eu observava tudo e analisava. Aquilo me trouxe a lembrança de quando aterrissei naquele plano. Também sentia fome e, por vezes, mal-estar. Era a passagem. Após desencarnar, o espírito ainda carrega vibrações da vida terrena. Com o tempo, aquelas sensações foram passando e transformando-se em outras novas. Melhores. Hoje quase não preciso me alimentar. O espírito vai aprendendo a viver no plano espiritual. Quanto mais evoluído, menos tem esse tipo de necessidades.

– Fome? – dizia Ananda à Ângela. – Aqui temos várias frutas, de todos os tipos, as quais poderá comer. Frutas até que nunca viu na Terra. Mas não exagere!

– Ah, sei! A gula é pecado!

Ananda e eu rimos quando Ângela pronunciou aquela frase. Ela falou de uma forma inocente.

– É por aí... – respondeu Ananda. – Com o tempo a fome diminuirá. Você sente sono?

– Sim, e eu dormi ontem.

Ananda e eu entreolhamo-nos sorrindo.

– O que foi? Disse algo errado?

– Não, querida.

A graça das palavras de Ângela foi a menção de ontem. Nós achamos graça. Apenas existe o hoje.

– Pelo que vejo precisará ficar um pouco mais no hospital até que essas impressões se esvaiam.

– Isso é ruim?

– Não é ruim. É normal, comum. Vamos trabalhá-las. Agora deite aqui!

Ananda começou a energizar a moça. Isso amenizaria as sensações materiais.

Olhando Ananda fazer aquilo, relembrei que fizeram o mesmo comigo. Naqueles dias estava confuso e pensava: "Eu morri! Eu morri! Estou no céu! Estou no céu! Meu Deus!"

Depois nos acalmamos e as peças vão se encaixando, as lembranças surgindo e tudo vai fazendo imenso sentido. Antes nada fazia sentido, agora tudo tem fundamento. Dia após dia, fui me enquadrando, aperfeiçoando-me, aprendendo cada vez mais. Estou ascendendo.

Após o término da consulta com Ângela, dirigi-me para a construção. Eram casas com as quais famílias sonhavam. A casa própria. Todos os construtores se felicitaram. Eles podiam visualizar as pessoas orando com fé e emanando boas energias. E assim era feito. Os construtores de sonhos. Mas também havia o outro lado... Quando a crença no acontecimento ruim era real, também tinha de "fabricar" isso. Lembro-me do acidente de carro... O dono possuía muito cuidado com seu carro, porém o medo que o veículo amassasse, batesse, corrompia-o. Certo dia aconteceu o que ele tanto temia.

Capítulo Catorze

A Real Felicidade

Estava mais pacífico e ouvi atentamente as palestras seguintes dos mestres.

Era mais um dos encontros nos quais relatávamos nossas vivências. O tema era a pena de talião. Quando você comete uma falta, é com a mesma "arma" que utilizou que é "punido". Teve início a narração:

– Eu era um conde, gastava minha riqueza em farras e tratava meus empregados como lixo. Minha única preocupação foi saciar meus sentidos. Morri jovem pelos excessos. Nenhuma lágrima derramaram por mim. Nenhuma luz acenderam...

Reencarnei décadas depois, numa família miserável, e uma doença causou-me paralisia. Esse foi o "castigo" aplicado por Deus. Na verdade, é ação e reação.

Investi mal o dinheiro e o corpo que possuía, por conseguinte nasci daquele jeito.

Outros exemplos foram dados sobre a pena de talião.

Um homem enterrou sua esposa viva e na precedente existência ocorreu a situação com ele. Desfaleceu um dia e tudo indicava a sua morte – um engano terrível. Sua agonia foi tremenda.

Há justiça pura nos atos divinos. Caso lhe aconteça dores horríveis, saiba que as atraiu. É a lei do carma. Ação e reação. Tudo o que vai, volta!

Não são apenas as más influências que retornam, as boas também e são mais poderosas – claro! Admitir tal fato é negar a Deus.

Quando os ensinamentos cessaram, corri atrás de Augusto.

– Virá comigo nas minhas lições? – Augusto me perguntou.

– Vou!

– Que bom!

Sentimento Puro...

Sentamo-nos outra vez naquela sala, que estava, como sempre, vazia. Com duas grandes janelas que tinha, via-se a paisagem das árvores lá de fora. Ouvia-se o soar de sinos de vento. O chão da sala era completamente carpetado de azul. Os dois iniciados chegaram.

– Qual o assunto de hoje? – interpelaram.

– Casamento. O que é? Para que serve?

– É uma união – o aluno vestido de branco respondeu. Seu rosto era sereno e seu olhar profundo.

– De qual tipo? – Augusto indagou.

– Aí depende... Por diferentes motivos as pessoas casam-se. Por amor, paixão, dinheiro, filho...

– E todos esses motivos são verdadeiros?

– O principal deveria ser o de construir uma família com o mais puro amor. Um laço espiritual.

Eu prestava bastante atenção e questionei:

– Pode-se chamar de missão, Augusto?

– Por que seria?

Augusto queria que eu respondesse. Os mestres não nos dão as respostas. Eles querem que nós a achemos por conta própria.

– Por causa do encargo de "trazer" uma alma ao mundo, à vida. Os pais têm o dever de auxiliar e educar.

– Sim, é um exercício de benevolência.

– Não poderia haver outro significado verdadeiro? – o outro aluno que se vestia de verde disse. Ele possuía um brilho nos olhos e emanava uma luz amarela.

– Ágape, ou amor sincero, poderia ser. Impedir o amor de fluir? Nunca! Ágape é elo real, etéreo. Não há apego. Não há o engano de pensar que alguém é seu. O sentido de posse acaba. Um sentimento fraternal aparece.

– Temos de chegar a esse estágio com todos? – os alunos indagaram ao Augusto.
– Sim. Enlaçar-se pelo Universo.
Então a dependência dos mestres era ruim – eu pensei comigo mesmo.
– Poderia explicar melhor a história do desapego, Augusto? – eu pedi.
– Porque você sofre se estiver preso a uma pessoa. Sofrimento não é um bom sinal, mostra a imperfeição.
Fiquei boquiaberto. De onde ele tirava aquelas ideias? Eu impressionava-me.
– Nossa! Que difícil! – os estudantes mencionaram.
– Mas o tempo cura! – Augusto citou.
– Mas isso não seria falta de afeição? – os estudantes questionaram sobre desapego.
– É o que aparenta. Vocês ainda absorverão esse conhecimento. Vocês não concordam que a dor esteja relacionada à inferioridade?
– É por meio dela que melhoramos. Da dor... – eu falei.
– Sim...
– Mas acho que entendi sua ideia. Ela nos aperfeiçoa, contudo sua presença demostra o quanto ainda precisamos caminhar até alcançar o fim e enxergar a Luz Real.
– Isso mesmo, Samuel. Não pode haver sofrimento ao estarmos inteiramente conectados com o Altíssimo. Repare no "inteiramente". "Subimos uma escada e em cada degrau gozamos de uma felicidade relativa..."
– O estado de espírito? – disse.
– Felicidade é algo muito relativo, não é? Você se entristece às vezes, contudo é feliz. Eu pergunto: vocês são felizes?
Óbvio que os três responderam sim!
– Viram?
– Mas nossa felicidade é falsa? – o aluno de branco questionou.
– Não foi isso exatamente que eu quis dizer... O sofrimento é passageiro e não impede a união com o Divino. A união só se estreita ao andar pelos degraus. Agora me digam, o que é felicidade?

– Estar de bem consigo mesmo? – o aluno de verde falou.
– Estar em união com o Divino? – eu disse.
– O que traz infelicidade?
– A falta de Deus? – eu novamente.
– E o que significa?
– Falta de entendimento?
– Muito bom!
– Então o estado de tristeza é um engano, e o estado de infelicidade também? – interpelei.
– Deus é vida e Ele não deixa de existir, por conseguinte, qualquer estado espiritual ruim é um equívoco.

Augusto colocava-nos para pensar. E tudo o que pronunciava fazia sentido.

– Só isso? – falei.
– Há algo além do Absoluto? – Augusto retrucou.

Congelei. Abaixei a cabeça. Por que eu tinha de formular questões tão idiotas?

– Não são idiotas, Samuel! – ele leu a minha mente.
– Por que não?
– Pois deseja chegar ao ponto final sem dúvidas. Investigar e investigar, nada permitindo ficar para trás. Isso é ótimo.
– Como pode sempre encontrar algo bom no meio do "lixo"?
– Também pode!
– O pior é que sei disso! – eu relatei.
– Espera mais pelo quê?
– Como recebo essas graças e não compreendo ao menos o porquê de as merecer?
– Apenas receba!
– E depois "mastigar", não é?
– Sim. Adianta adquirir e não usar?
– Hummm...

Augusto deixava-me tão feliz, radiante. Era o poder que exercia sobre mim...

Confusão...

Encontrei-me com Ananda e relatei acerca dos ensinamentos, das mensagens que o Divino me enviava. Ela se felicitou por mim. O dia estava quase acabando e víamos o pôr do sol debaixo de uma grande árvore. Algumas estrelas já eram visíveis.

– Que bom que sua compreensão das verdades supremas está aumentando! Às vezes nos sentimos perdidos, mas tal sensação é passageira. Tenha fé que Ele guiará você. Nunca se esqueça de Sua companhia.

– Ela é constante; eu sei. Como esquecer? Todo segundo penso n'Ele. Sou d'Ele.

– Percebo sua devoção aumentar a cada dia – Ananda comentou.

– Na verdade é a lembrança surgindo em minha mente, não a devoção aumentando...

– Hammm... Por que já conhece tudo? A Realidade?

– Sim – eu respondi.

– Aí, nós nos perguntamos a causa de tanta confusão – disse ela.

– Engraçado... Nem deveria existir essa confusão toda! – rimos.

– Quem falou que há? – rimos e ela me olhou com um sorriso indagador.

– Parece complicar – eu disse.

– Se imaginar dessa maneira, é como será.

– Controlar isso exige de nós.

– Talvez não muito quanto idealiza! – ela comentou sorrindo.

– De vez em quando se figura tão misteriosa!

– Eu? Isso provém de você, não de mim!

– Porém mantenho a calma. Se eu começar a ponderar demais, o circuito pega fogo – rimos.

– Que modo de se expressar! – ela exclamou brincando. – Há a hora certa para as descobertas. É isso o que quis dizer?

– É!

Ananda estava linda. Usava sua roupa com uma tonalidade púrpura, e que radiava a cor. E quando falava, então, ficava mais linda!

– Tá bom! E suas obras no astral? – ela quis saber.

– Perfeitas. Trabalhamos em harmonia. E você?

– Estou mandando algumas dissertações em reuniões. Aconselhando em "sonhos".

Após a conversa, prosseguimos com nossos afazeres.

A aula de Madhava naquele dia tratava de relacionamentos terrenos. Iríamos analisar algumas emoções. Todos estavam sentados debaixo do sol da manhã, num gramado bem verdinho, com algumas árvores em volta. O lago ficava perto e conseguíamos ver os patos ao longe.

Ciúme...

– O que é? – a mestra indaga.

– Sentimento de posse, acho! – um respondeu.

– É quando não quer dividir – outro disse.

– Inquietação a respeito de alguém ou algo. Está relacionado ao desejo de obter, adquirir – mais um tentando responder.

– Está certo – Madhava confirmou com sua voz forte e decidida. Sua voz por vezes aparentava um trovão, em outras ocasiões era mais suave. Contudo, ali se utilizava da voz decisiva. – É bom ou ruim? Por quê? – os cabelos encaracolados loiros da mestra esvoaçavam com o vento e brilhavam por causa do sol. Uma magnífica visão do paraíso. Suas vestes eram sempre brancas, de um branco que só existe no céu. Ela brilhava como nenhum de nós ali conseguia. Era seu poder pessoal. Seu olhar era maternal e suas bochechas sempre rosadas, os lábios também.

Concordamos que o ciúme era ruim, pois ser dono de uma pessoa, por exemplo, é uma ideia equivocada. Além de gerar sofrimento. E a dor já é um sinal.

Ao citar uma coisa qualquer, também não há muita diferença. Tudo é de todos. Porém, isso só funciona no momento em que esses todos possuem esclarecimento. Quando eles sentem essa união.

Na Terra é preciso manter certo controle, pois viraria bagunça. Contudo isso vai da evolução do espírito. Vemos quantos conflitos nascem por causa de posses materiais. Ciúme, igualmente, pode significar zelo; entretanto, ao ser exagerado já não demonstra tal fato.

Cuidado é algo diferente de ciúme – fomos concluindo juntos. Açambarcar os pertences é uma enorme cautela, né?

– E um pouco de ciúme é saudável? – Madhava lança a questão. As opiniões se diversificaram. Tentamos equilibrar-nos.

Se vamos nos permitir ter ciúmes, ele aumentaria ou é da personalidade? Quem possui busca sua diminuição. Quem é pouco ciumento continua por aí... Será que esse sentimento reflete inegavelmente o amor um pelo outro? O que é o amor?

Amor...

É não esperar a troca por amar, ser amado.
Amar a essência da pessoa, como é interiormente.
Perdoar. Amizade. Resumindo: Aliança Espiritual.

Então, se o amor é isso, o ciúme não seria a melhor emoção para representá-lo.

Paixão...

Depois iniciamos o tema paixão. Fizemos uma breve pausa. Alguns aproveitaram para beber água ou caminhar até o lago. Eu caminhei um pouco e logo retornei. Madhava já nos chamava. Assim que todos estavam sentados novamente em círculo, ela começou:

– O que é a paixão?
– Somente desejo carnal? – um do grupo falou.
– Uma mudança química no cérebro? – outro disse.
– É a mesma coisa que o amor? – Madhava perguntou.
– Não, pois no amor não há mistura de sentimentos. Na paixão, sim. Determinada hora ama, na outra odeia. Existem alguns que se enganam – eu dei minha opinião.

– De fato, o verdadeiro amor é totalmente mais elevado e abnegado. Já está escrito na passagem bíblica: **"Ainda que eu fale as línguas dos homens e dos anjos, se não tiver amor, serei como o bronze que soa ou como o címbalo que retine.**

Ainda que eu tenha o dom de profetizar e conheça todos os mistérios e toda a ciência: ainda que eu tenha tamanha fé, a ponto de transportar montanhas, se não tiver amor, nada serei.

E ainda que eu distribua todos os meus bens entre os pobres e ainda que entregue meu próprio corpo para ser queimado, se não tiver amor, nada disso se aproveitará.

O amor é paciente, é benigno, o amor não arde em ciúmes, não se ufana, não se ensoberbece, não se conduz inconvenientemente, não procura seus interesses, não se exaspera, não se ressente do mal; não se alegra com a injustiça, mas regozija-se com a verdade. Tudo sofre, tudo crê, tudo espera, tudo suporta". Esse é um trecho da carta de São Paulo aos Coríntios.

E Madhava continuava:

– Samuel falou do engano. Um exemplo é se casar por paixão. Casamento é superior a isso. É superior ao sexo, à aparência física, ao dinheiro... Há aqueles que pensam que é exatamente o que acabei de citar. O casal chega à velhice e ainda precisa manter a "chama acesa". É uma ideia contorcida do matrimônio. Se acabou o sexo, acabou o casamento...

Talvez se for ainda na juventude pode haver algo errado, mas na velhice... Claro que sexo é para a vida toda, mas não se deve valorizar demais isso e se esquecer das outras coisas! Um casal necessita da amizade. Se não forem íntimos, no sentido de conhecer um ao outro, a união jamais dará certo.

Sempre haverá algo para resolver. A amizade é um dos itens mais importantes. E é claro, o amor! Intimidade não é estar entre quatro paredes! Isso nunca será intimidade! Intimidade de verdade é você poder falar o que pensa e o que está sentindo para o seu parceiro, seu amado ou amada! Serem unidos e se conhecerem bem. E respeitarem um ao outro!

A Piada...

União espiritual é imprescindível nesse ato – Madhava pronunciava com sua voz forte e decidida. – Agora solucionem: por que tantas pessoas deixam esse vínculo esquecido ou seu valor é desacreditado?

– Por que é mais árduo? – Ananda começou. – Elas possuem dificuldades em enxergar o bem-estar na alma. A "carne" traz prazer rapidamente, enquanto a paz de espírito reclama conquista. Nem percebem que seus sentidos jamais são contentados, satisfeitos. Esse é o caminho? Se inexiste satisfação, é prestável? Queremos o mais ligeiro, o mais rápido, e acabamos nas "garras trevosas".

Fora os que acreditam ser o homem apenas o corpo físico... Simples imaginar viver do jeito que lhe agrada, pois é só aqui e agora. Nada de penas e castigos. Isso é besteira. Esses pensamentos seriam uma fuga porque teme seu futuro? Não duvido disso...

O homem quer fugir a todo momento da realidade, da sua vida, do seu corpo e por aí vai... Já reparou nisso? Tudo é objeto de fuga; mas fugir não resolve o problema É preciso encará-lo.

"Ah, sou matéria! Devo seguir a vida dessa maneira, negar o que eu sou?"

O que você é de verdade? Responda-me! A incrível presença do Eu Sou! O amor... Qual é a real existência que o levará pela eternidade? Dedicar-se ao que é passageiro sabendo a respeito da eternidade do espírito? Para quê? Prepare-se desde já para a Eternidade! Você é uma alma eterna e parte da Divindade!

Você é Divino! Não duvide disso! Então tenha seu foco no que é eterno! É isso o que existe, nada além! O que é passageiro não é real porque acaba, e se acaba... Que sentido há em desejá-lo? Procure a semente da eternidade dentro de si. Posso apostar que não encontrará em outro lugar. Dentro de você...

Olhe para dentro de você! E observe como é divino! Como é milagroso! Agradeça, sorria e seja feliz! Pois felicidade é estado de espírito e nada além disso! A felicidade é você em pessoa! O amor é você em pessoa! E há aqueles que dizem serem apenas carne e osso... Um dia verão a realidade e serão unidos com Deus. Serão amor... – Ananda terminava seu discurso.

– Poderia me explicar esse comportamento, Ananda? – Madhava a testou.

– Bem... A causa? É a distorção do motivo de encarnar. Imaginam que seja para desfrutarem de seus sentidos materiais, quando na verdade é o oposto: controlarem os sentidos materiais! Acham que se os têm, devem usufruir... Sim, mas se deve ter domínio sobre o corpo e não o contrário! Se Deus lhes concedeu tais sentidos, o certo é aproveitar isso. Aí vão criando uma concepção errônea de Deus. Como se Ele criasse o mal.

Todos ali riram daquela citação, pois era uma piada.

– O real motivo do comportamento é a imperfeição, o ser limitado e amarrado. Como idealizar a perfeição se é imperfeito, e como algo limitado cria o ilimitado? Como os seres são limitados, meditar acerca do infinito parece loucura. Essa é a razão. Deus é ilimitado, infinito, eterno...

Se continuarem a crer em um Deus limitado e previsível, jamais conseguirão enxergar a realidade e evoluir. Eles não conseguem contato com o invisível porque apenas acreditam no que veem. Acreditam apenas no que podem tocar. Assim o resto não existe, porque não se vê nem se toca. Ledo engano... Já se dizia: "Entre o Céu e a Terra..."

Ananda gesticulava e fitava cada um de nós. Seus olhos flamejavam de entusiasmo. Ela usava um véu amarrado ao pescoço, com o vento ele dançava. Era um véu colorido. Os cabelos castanhos também se rebelavam, e ela nem mexia neles.

Eu ficava hipnotizado por ela, pelas suas palavras e por todo encanto. Um lindo anjo, com voz macia e doce. Dela um perfume exalava. Um aroma incrivelmente delicado. Daqueles que se cerram os olhos para alguns segundos de apreciação. E estou convicto de que não era apenas eu que me sentia assim em sua presença, e além do mais em suas alocuções. Continuou:

– Na Antiguidade, vimos as pessoas idealizarem deuses tão humanos... Por quê? Por causa da limitação da mente de que relatei. *É o homem fazendo de Deus a sua imagem e semelhança!* É difícil para alguns ouvirem isso, mas eu digo sem medo que é verdade! É verdade!

Por que há sofrimento, maldade? – interpelam. – Porque Ele permite? Ele assim o quer? Com certeza todo o mal provém dos seres. A dualidade assola-os.

A palestra de Ananda foi notável. Ouvi os comentários mais tarde.

Capítulo Quinze

Augusto dá Aulas

Ângela estava maravilhada com tudo o que via e aprendia. Todas as suas crenças caíam por terra. Por água abaixo. Tudo no que acreditava agora deixava de fazer sentido ou não correspondia exatamente à realidade original... Augusto, seu mentor, alertou-a de que em breve retornaria à Terra e que deveria se esforçar para aprender o máximo possível. Ela deveria tentar absorver os conhecimentos e crescer espiritualmente.

Augusto e Ângela estavam caminhando pelas montanhas da colônia enquanto relatava essas coisas para ela. No céu, viam-se os pássaros e ouviam-se os cantos, sentiam o reluzir dos raios de sol e seu calor... Olhando para baixo, era vista toda a colônia. O hospital mais afastado com suas janelas de vidro azulado, o prédio da administração que era completamente transparente, o lago com seus patos, prédios menores para estudo, alguns rosa e outros azuis, os telhados feitos de vidro. As construções brilhavam por causa dos raios. Era uma paisagem encantadora.

Augusto sempre se vestia de branco, aquele branco que não existe na Terra. Seu cabelo castanho-claro parecia feito de ouro, e sua expressão era serena e transmitia uma paz completa. Já de mim, diziam que eu ainda transmitia uma expressão de angústia. Mas isso mudará com o tempo.

Ângela tinha uma beleza excêntrica, posso dizer. Possuía uma energia de afeto para com todos. Era também muito tranquila e paciente, mas quando ouviu Augusto dizer que teria de retornar à Terra:

– Voltar? Ainda não almejo voltar, mestre! Pelo menos agora que aprendo tanto e me sinto tão feliz!

– Compreenda, Ângela, que a sua escola é a vida! – disse Augusto decisivo. – Nada melhor para evoluir! Este é seu destino no momento!

Ângela retrai o olhar que antes se dirigia a ele. Ela senta em uma pedra e com tom triste pronuncia:

– Eu terei que o deixar. Isso me dói – agora o olhar é para ele. Augusto se agacha perto dela, toca seu rosto gentilmente.

– Olhe para mim! Você fará uma viagem, uma breve viagem. Tão curta que nem notará minha falta! Quando perceber estará de volta a si aqui, e eu esperando por você! E estará mais linda do que nunca!

Ângela sorri. O rosto se ilumina outra vez. Os olhos alegram-se.

– Como pôde provar, a morte não existe! – Augusto diz sorrindo. – A separação jamais é eterna. O amor, sim, é para sempre. Você não reencontrou sua mãe e seu marido? Então...

Ângela balançava a cabeça afirmativamente.

– Sim, é verdade. Mas e você, mestre? Não vai reencarnar?

Augusto inspirou e expirou, fitou o chão e devolveu o olhar à Ângela.

– Não, eu não.

– Por quê?

– Venha!

Augusto a levou até o topo da montanha e lá se sentaram no chão. Ele segurava a mão dela com carinho. Ela, por sua vez, pôs a cabeça em seu ombro.

– Imagine que você é uma criança – Augusto começou – e que precisa ir à escola. A cada ano que passa, adquire novos conhecimentos. Caso não tenha sido um bom aluno, irá repetir a série. E os anos passam e a criança vira um adolescente. Mais um pouco termina os estudos. Por conseguinte, vem a faculdade. Mais estudos. Até se formar por vez e não precisar voltar à escola. A não ser como professor, diretor ou outra função qualquer...

Ângela tirou suas conclusões e disse:

– A existência é a escola e as várias séries são as diversas vidas do espírito. Chega um momento em que não é mais necessário encarnar. Já aprendeu o bastante.

– Não o bastante, mas o suficiente para continuar o aprendizado e o progresso no mundo espiritual!

– Seu caso, mestre?

– Sim.

– E você pode voltar? Foi o que disse.

– Sim, contudo os objetivos seriam diferentes dos seus. Claro que também aprenderia, pois quem ensina aprende. Existem várias missões. Talvez ajudar na melhoria espiritual ou trazer avanços científicos. A missão de renovação... E por aí vai.

– Por acaso aquelas pessoas que eram muito diferentes, à frente de seu tempo, teriam essas missões?

– Inteligências potenciais. Sim, algumas tiveram grandes tarefas a realizar.

– Um dia poderei ser como você? – ela pergunta entusiasmada.

– Claro que sim, Ângela! Você melhora a cada nascer e pôr do sol!

– Quando embarco de volta? Está muito próximo?

– Não se afobe! Chegará a hora. Fique tranquila que ainda há tempo de se instruir o bastante!

– Que bom! – e beijaram-se.

O amor é sentimento sem palavras e que ninguém consegue descrever ao certo. O coração flutua e bate rápido. O rosto rosado demonstra que a emoção está ali. O brilho no olhar, o bom humor e a felicidade. Entusiasmo.

– E suas memórias, como vão? – Augusto indagou.

– Aos poucos me recordo das outras existências. Por vezes é até mesmo assustador! Relembrar de pessoas que não desejava e de fatos que gostaria de apagar.

— Entendo perfeitamente.

— Porém, lembrei-me de que em outra época conheci o Marcos. Fiquei contente, mesmo sabendo que era meu irmão. Nem sei o que pensar ainda.

— Não pense! — Augusto dizia. Isso parecia solucionar qualquer problema. Apenas deixar de pensar. Mas não é tão simples assim...

— Por que não nos lembramos das outras existências em vida?

— Por isso mesmo que acabou de falar!

— Como assim?

— Por causa do transtorno. Imagine! Se soubesse que ele foi seu irmão, jamais teriam formado a união que têm num matrimônio. E foi um casamento belíssimo!

— Humm... É... Tem razão, mestre.

— Como dois inimigos fariam as pazes? Ou, no mínimo, aprenderiam a lidar com as diferenças?

— Nossa! Isso acontece?

— Muitas vezes! É uma possibilidade que Deus dá para acabar com as rixas. Às vezes dá certo, outras errado. Depende de cada um.

— Deus é magnânimo!

— Sem sombra de dúvida!

— Eu não me recordo de você, mestre! Já nos encontramos outras vezes?

— Poucas vezes, apenas no plano espiritual. Também fazemos irmãos por aqui e somos ligados pelo amor. E nos intervalos das vidas, as almas se encontram.

— Assim será conosco?

— Sim, eu a verei novamente. É provável que eu lhe faça uma visita quando encarnada.

— Sério?

— Quando dormimos nosso espírito se desprende e goza de certa liberdade. Dessa forma, podemos nos ver.

— Ah, então eu o visitarei. Também é possível que me aconselhe?

— Sim, por que não?

— Ah, que ótimo! Estou ficando mais sossegada.

– Aquiete-se, pois Deus está junto de você! Peça força e sabedoria para lidar com os desafios.

Ângela começava a ter um pouco mais de calma e já não estava tão angustiada. Augusto sabia muito bem como tranquilizar alguém. Não era à toa que possuía a denominação de mestre.

Augusto afagava os cabelos ruivos e longos dela. Penetrava fundo em seus olhos caramelo que com o sol ficavam verdes. Ela retribuía o carinho. Ângela virou-se e ficou ajoelhada diante do mestre.

– Como será essa minha outra vida?

Augusto fez alguns segundos de silêncio. Sorriu como se a pergunta fosse boba ou simples demais. Retornou a visão para ela.

– Ora... – disse em tom alegre. – Você e os mestres discutirão sobre o assunto. Você perceberá seus pontos fracos e fortes, escolherá as suas provas; provas que a ajudarão a se aperfeiçoar e a consertar esses pontos fracos.

– Mas mestre... – seu tom era de surpresa e dúvida. – Eu que optarei pelos obstáculos?

– Sim. Ainda não se lembra... Antes de reencarnamos nós propomos nossos testes. Não escolhemos tudo nos mínimos detalhes, contudo há a nossa vontade por trás de muitas situações; tudo a fim de nos ajudar a amadurecer espiritualmente. Talvez a reparação de erros do passado...

– Então eu que optei pela minha última existência? Como? Não pedi tanto sofrimento! Não pedi a morte do meu filho nem a do meu marido... Nem pedi a minha doença, muito menos a pobreza! Não, eu não quis isso!

A consternação aparecia na face angelical de Ângela. Aparentava um choro um tanto contido.

– Ei, ei! – tentando despertá-la de seu sono louco. – Sim, escolheu! Tudo para o seu adiantamento! A vontade do espírito é completamente diferente da vontade do ser encarnado! Não se compara um ao outro! Quero que preste atenção nestas palavras! Nessa sentença! A vontade do espírito é completamente diferente da vontade do ser encarnado! Não se compara um ao outro! E lembre-se de que Deus dá o que somos capazes de suportar, nada além disso! – a voz de Augusto estava forte e falava mais alto do que de costume. Ele sempre fala serenamente. – Não duvide! Creia! Apenas creia! Confie no que Deus traz. Você pediu a doença e a pobreza como forma de extirpar carmas passados. E também para o aprendizado de fé e obstinação, perseverança. Provavelmente terá de repetir a dose, pelo que vejo!

– Repetir? – seu rosto até se entortou.

– Estive conversando com Madhava e o ponto-chave de sua próxima vida será trabalhar sua fé. Sua confiança no poder criador.

– Mas eu acredito! – Ângela continuava ajoelhada diante de Augusto.

– Terá que permanecer acreditando lá da Terra! Lá já não é tão fácil essa simples tarefa! – arqueava as sobrancelhas. – Você se suicidou, um fator de alguém completamente sem confiança, desesperado; é nisso que terá de trabalhar.

– Você diz repetir... Minha última encarnação de nada adiantou?

– Nem pronuncie uma coisa dessas! Não! Nada é em vão se puder interpretar. Reprise sua vida e tire suas conclusões. Perceberá que há proveito dela para a vida seguinte – naquele instante ele deu um sorriso.

– Como é possível se não vou me lembrar de nada disso?!

– Fica impresso na sua consciência! Na personalidade, nas coisas que aprendeu. Você está ascendendo a cada dia, apenas avança e não retrocede. Claro que a matéria fará grande influência, como aqui o lado espiritual tem mais influência! Contudo, depende de você ser forte o bastante e seguir o melhor lado da força...

Ângela adaptava-se aos poucos àquela nova realidade e já carecia se preparar para outra viagem da alma!

Augusto se levantou, estendeu sua mão para ela, erguendo-a. Seus olhos se conectaram. Ângela deu um abraço forte nele. Aquele abraço que transmite energia, carinho e ternura e certa ansiedade... Os olhos dela se fecharam, na sequência foram os dele. Então a roupa de Augusto tomou manchas de salmão. Ângela se vestia dessa cor. E, por conseguinte, a roupa dela pegou manchas de branco. As cores ficaram misturadas por algum espaço de tempo.

Quando Ângela tornou a fitar Augusto, reparou que estava completamente apaixonada. Mas não paixão terrena, era um sentimento de encanto. Quando você fica deslumbrado por alguém. Assim estava Ângela em relação ao Augusto.

Ele notava aquele sentimento e o retribuía com afeição e pleno carinho. Pegou em suas mãos e os dois voltaram para a colônia.

Os alunos iam chegando para a reunião matinal. O mestre Anabel conversava com alguns do grupo. Parecia estar com um ótimo humor. Muito sorridente. Sua face reluzia de tranquilidade e alegria. Os olhos azuis transmitiam os segredos da alma. Sua pele era mais branca do que qualquer uma que tenha visto. Era como uma bela aparição.

Ananda sentou-se ao lado de Augusto. Todos ouviam o mestre contar suas façanhas nos tempos das Cruzadas.

– Lá vinham aqueles que se diziam santos e assassinavam em nome de Deus. Eu me preparei. Apanhei um facão. Éramos seis irmãos e uma menina. Cada um de nós pegou uma ferramenta. Ao derrubarem a porta em nada pensei, a não ser em salvar a minha família. O sangue escuro e abundante jorrava dos pescoços deles. Meu rosto, mãos e roupa também se cobriam daquele sangue tão imundo. Foram um, dois, três, cinco... Pegamos nossos cavalos. Eu levava minha pequena e frágil irmã; ainda uma criança. Ela a tudo presenciou calada e com lágrimas na face.

Logo reparamos que nos perseguiam. Meus irmãos atiravam flechas e os inimigos revidavam no mesmo estilo. Eu via a fúria nos olhos de cada um de nós, e a morte e seu desejo de matar nos olhos dos inimigos.

Mais um pouco e perdi três de meus irmãos. Seguíamos em frente, pois os próximos seríamos nós. Havia um ressentimento de ter que deixar os corpos e prosseguir a fuga.

Esforçava-me para não chorar na vista de minha irmã. Eu dizia que cuidaria dela, que estava protegida e que não tivesse medo... Porém, eu estava mais amedrontado do que ela mesma – uma criança.

Meu coração acelerado não permitia o livre pensamento. O suor escorria. Atingiram-me com uma flecha. O ferimento não foi grave.

As ideias eram de vingança. Almejava assassinar cada homem daqueles com o seu sinal da cruz. Talvez até pegasse uma delas e furasse o crânio deles com o objeto. Era o que pensava naqueles instantes pavorosos.

Seguimos em viagem e alguns dias depois topamos com um acampamento dos "santos".

Eu recitei aos meus irmãos:

– Vamos atacá-los ao anoitecer! Quando estiverem desprevenidos!

Meus irmãos possuíam algum receio. Para reparar o sentimento, falei que o acampamento era muito pequeno e não deveria estar provido de tantos soldados assim... Poderia ser um grupo de feridos ou atrasados. Eles continuavam em dúvida. Gritei com eles:

– Vocês não vingarão a morte de nossos irmãos? Eu juro que serão amaldiçoados caso neguem cometerem a justiça! A coisa certa a se fazer!

Eu era o irmão mais velho e foram obrigados a me obedecer. O mais novo tomou conta da menina enquanto nós fomos ao encontro do sangue. Iniciamos o ataque. Eu sentia um leve prazer em trucidar aquelas pessoas. Podia sentir o cheiro da morte, ouvir seus gritos... Até ouvir outro grito. O berro do meu irmão que estava escondido com a criança. Meu nome era clamado. Eu corri em desespero até eles. Vi ele ser esfaqueado. Caiu duro no chão já sem vida. A minha irmã chorava alto.

– Nãããããããããoo! – eu gritava.

Muitos estavam na minha frente e impediam a minha passagem. Eu furava todos sem dó. Minha visão estava vermelha, enxergava vermelho. Era a fúria e a raiva.

O homem abrupto olhou para mim. Segurava a menina pelos cabelos.

– Tome isso seu porco imundo! – ele urrou. E degolou a criança.

A cabeça dela veio rolando até bater em meus pés. Por conseguinte, não sei se já é possível prever, eu fui morto junto com todos os meus irmãos.

Quando aquele homem urrou "porco imundo", talvez tivesse razão. Eu terminei por dar fim a vida de todos nós. Joguei todos na vala. Se não fosse o ódio e o desejo de vingança, aquilo teria sido evitado.

Rolei pelo umbral por um bom tempo até me dar conta dos meus erros e me arrepender amargamente. Um de meus irmãos veio ao meu auxílio. Reencontrei cada um dos irmãos que provoquei a morte e implorei perdão. Alguns estavam dispostos a perdoar; outros ainda não, pois estavam em escuridão.

Reencarnei em berço cristão, dentro de tudo o que odiei. Fui abandonado ainda bebê e criado em um monastério. Virei um frade.

Via a corrupção ali. Um dia resolvi sumir, fui viver do meu jeito e com minhas crenças. Com os anos, concluí que não era a religião que fazia o mal, e sim os homens que a corrompiam e a distorciam a seu favor ou por pura ignorância.

Após essas revelações espirituais eu me vi alegre e com vontade e ânsia de viver. Casei-me, tive vários filhos. Ensinei às crianças da comunidade a lerem e escreverem, além de as evangelizar... Claro! Falar de Deus. Aquilo, sim, era ser do Pai! Ser útil e ativo, cumprir com os mandamentos... Era assim que pensava. Dali em diante meu espírito criou asas. Vidas e mais vidas experimentei e neste instante cá estou com vocês, dando-lhes este exemplo.

– E os irmãos que não o perdoaram, mestre? – Augusto questionou.

– Reencontrei-os bem mais tarde e perdoaram a minha pessoa de coração. Perdoar é compreender. Nem todos possuem essa capacidade. Eles compreenderam que eu era um espírito ignorante e que paguei pelos meus atos horrendos. Eles evoluíram e não se ressentiram daquilo. Como uma criança que erra porque ainda não aprendeu o certo e o errado...

– Que história magnífica, mestre! – Ananda comentava. – Renascer no meio dos inimigos e ainda os auxiliando!

– Sim. Escolhi nascer entre eles para entender e acabar com qualquer repulsa. Então notei que corrompiam a Palavra e não ela que era ruim. Eu imaginava, na vida anterior, que qualquer coisa provinda deles fosse do mal. E que todos aqueles homens da cruz eram demônios traiçoeiros, prontos a me exterminar, só porque era muçulmano. Vamos separar o joio do trigo, não é mesmo? E percebi que, por mais que se tente mudar uma pessoa, se ela não quiser isso... Desista! Como os próprios monges da época... Conheciam a sua Bíblia e não seguiam os preceitos do Cristo.

A transformação vem do interior. Todo o esforço provém dele, do interessado na ascensão. Ninguém pode comer, dormir ou ser feliz por você, como ninguém pode evoluir por você. É um caminho solitário. Uma tarefa individual. Não sem ajuda alguma, mas com o empenho da pessoa que anseia mudar.

A perfeição, meus caros, vem do interior de cada um. É tanto a mudança dos atos, como dos sentimentos, mente e alma. Além de os atos serem diferentes, a mente também é outra.

Compreendem? É o que tem como verdadeiro dentro de si. No que você crê. O que sente. A realidade do que você é está escondida em sua alma. Por isso os sentimentos e as nossas emoções relatam bem melhor a nossa essência do que qualquer palavra ou mesmo pensamento; pois a mente é bem turva antes da emancipação da alma.

Então, meus irmãos, espalhem o amor real que vocês sentem. Espalhem essa energia vigorosa que cura.

Capítulo Dezesseis

Agradecer, Gratidão

O restante dos alunos se acomodou no círculo, inclusive eu. Permaneci ao lado de Augusto. Este estava quieto. Focava no mestre. Ananda saiu de onde sentava e ficou ao meu lado.

– Onde estava? – ela perguntou. – Precisava ouvir a história que o mestre nos contou! – Mais tarde ela me narrou tudo aquilo.

– Estava nos picos admirando o alvorecer. A natureza. O Universo. Quer ir lá, depois? Vamos? Vamos, Augusto, nós três aos picos?

Augusto virou-se lentamente e balançou a cabeça.

– Sim, Samuel! Porém agora preste atenção que a aula irá começar! – falou sisudo.

– Tudo bem! – respondi.

Anabel iniciava a reunião principal. A conversa anterior era apenas uma citação, um tema à parte. Mas bem que poderia ser o central, pois foi verdadeiramente de forte valor espiritual.

Os olhos azuis de Anabel eram visíveis ao longe e sempre se destacavam em seu aspecto angelical. Quem era novo na colônia deveria até o estranhar. A voz que sentíamos era masculina, séria, convicta, enquanto a aparência não esclarecia tal essência. Isso era bastante comum de se ver. Quando iniciei as aulas com o mestre, não sabia como o devia chamar: Mestre? Mestra? Então ele respondeu com outra pergunta:

– Que diferença faz? Nós não somos homens nem mulheres. Somos almas eternos e iguais perante o Pai. Sem distinção. Gostaria muito que compreendesse bem esse assunto. É de vital importância – e sorria para mim.

Pude reparar nele uma essência mais masculina e, por sua vez, o chamei de mestre. Anabel começou a falar:

– Queridos, peço que fechem os olhos e sintam a Presença de renovação. Sintam-se gratos por estarem entre amigos e familiares. Sintam-se gratos pela palavra amorosa que ouvem. Sintam-se gratos pela consciência que possuem e agradeçam por Deus estar conosco nos renovando a cada instante. Agradeçam e sintam essa gratidão. Façam a sua oração de graças... Ananda... Pode começar...

Ananda estava concentrada. Preparou-se e fez a oração.

– Pai, obrigada por caminhar ao meu lado. Obrigada pelas bênçãos e vitórias. Pelo meu acordar e crescimento espiritual. Por trabalhar na ajuda aos feridos. Eu lhe agradeço.

Augusto continuou:

– Obrigado, Pai, por esta reunião. Por nos levantar e guiar. Pela força e perseverança que nos traz e pelas mensagens que captamos e absorvemos. Agradecemos Sua Presença Divina em nossas existências. E assim é. E assim será.

Aí chegou a minha vez. Olhei para o alto. Parei alguns segundos.

– Senhor, meu Deus, eu agradeço pela oportunidade feliz de estar entre irmãos e louvar Seu nome. Agradeço por esta palavra que nos é concedida e bem aproveitada. Obrigado por nos fazer seus filhos bem amados e nos guardar debaixo de suas imensas asas. E assim é. E assim será.

Cada um de nós fez sua oração. Anabel desejava mostrar a importância da gratidão.

"Senhor, agradeço-lhe por esta oportunidade de adiantamento espiritual..."

"Pai, obrigado por todas as bênçãos que recaem sobre mim..."

"Agradeço-lhe pela unção e reparação do meu espírito..."

A gratidão é o reconhecimento. Quando agradecemos, queremos dizer que distinguimos o que o outro fez por nós. Dar graças ao

Pai significa que sabemos que Ele está ao nosso lado e que aceitamos a Sua Presença abençoada em nossas vidas.

Ser grato a Deus é estar conectado a Ele. Devemos agradecer todos os dias. Assim Ele verá nossa felicidade, contentamento e reconhecimento. Demostre o quanto é grato.

Contemple!

Capítulo Dezessete

Samuel nas Tarefas de Bhajana e Vibhuti

Encontrei-me novamente com Vibhuti e Bhajana. Enxerguei-os vindo em minha direção enquanto estava sentado em volta de um jardim com Ananda. Vibhuti, como sempre, transparecendo força. Suas vestes continuavam com tons vermelhos. Os olhos mudavam de cor a cada encontro. Dessa vez eram castanho-esverdeados. Bhajana vestia-se de amarelo e laranja. Ao longe percebia seu sorriso. Ela usava uma tiara com flores nos cabelos ruivos. Realmente ficou encantador. Seus olhos de girassol me chamavam a atenção. Os dois andavam de mãos dadas. Caminhavam lentamente, sem pressa. Cumprimentamo-nos, então Vibhuti me contou que as tarefas começariam. No momento iríamos expulsar espíritos sem luz de uma residência. Eu logo me animei com a notícia. Agora trabalharia com eles e isso me deixava muito feliz, além de poder aprender com os dois, pois isso aconteceria. O conhecimento era o que mais me motivava. Minha busca era incessante. Queria visualizar essa tal Realidade o quanto antes. Era o mistério o qual tínhamos que desvendar.

Quando soube que Ananda não seria mais minha parceira nas funções espirituais que realizávamos, tenho de admitir que fiquei triste, desnorteado; entretanto, ao receber a informação de que meus novos parceiros seriam eles dois, toda aquela emoção negativa se apagou e se modificou em entusiasmo. Uma alegria radiosa. Os dois são muito sábios e eu, estando ao lado deles, beberei essa sabedoria divina.

Então descemos à Terra. A casa era habitada por três espíritos que não deixavam os donos do imóvel em paz. A residência era enorme, com vários quartos, bem antiga, possuía dois andares. Era muito bonita, pois fora reformada naquele ano. Mas isso não foi o bastante... O local foi exorcizado, orações foram pronunciadas. Nós íamos finalizar aquele trabalho de uma vez por todas.

– O que eu tenho de fazer? – indaguei a Vibhuti.

– Usar a sua energia para aprisioná-los. Amarre-os! Assim o levaremos para o Umbral, que é o lugar deles nessas condições que se encontram.

– Entendi.

Os três espíritos se apresentaram logo que chegamos ali. Usavam farrapos, tinham os cabelos desgrenhados, arranhões e machucados pelo corpo.

– Olhem! Temos visita – falou um deles. Seus olhos eram vermelhos e sua vibração das mais baixas.

Vibhuti não perdeu tempo e gritou apontando para os três molambos:

– Agora!

Bhajana agarrou um. Lançou-o em sua teia energética, parecida mesmo com uma teia de aranha. Aquilo o impediu de se movimentar. Estava enrolado. Vibhuti usou a mesma técnica para o outro integrante do grupo. Capturou-o facilmente. Eu decidi fabricar uma bolha e atirei contra o último. Ele tentou escapar, mas foi inútil...

– Suguem a energia deles! Rápido! – Vibhuti deu a ordem.

Vi sair das pontas dos dedos de Bhajana fios, os quais se enredaram no tornozelo do espírito que capturou. Dali ela tirou bastante da vitalidade dele. Eles perderiam a consciência e poderíamos levá-los ao Umbral sem problemas.

Vibhuti apertou a boca do seu "prisioneiro" e dela saiu sua energia. Uma cena que me deixou arrepiado. Vibhuti agachou-se e chegou bem perto dele. Este o xingava. Assim que Vibhuti tocou nele sua aparência se modificou. A pele ficou branca igual à vela e os olhos apagados, enevoados. Aquele vapor cinza saiu de sua boca e ele caiu duro no chão.

Eu me concentrei, estendi minhas mãos sobre o terceiro homem. O mesmo vapor saiu do peito dele e, em seguida, desmaiou.

Após isso os levamos para o Umbral e lá os deixamos ainda desacordados. Ali sempre era noite e gelado. Um fedor era o pior que imaginaria. Os gritos eram os sons mais ouvidos. O ranger de dentes... Outros espíritos imundos nos fitavam. Uma aglomeração poderia acontecer. Eu observava tudo espantado e com dor no coração.

– Vamos! Que Deus os ilumine e os retire dessa podridão com que se deparam – disse Vibhuti; eu apenas olhava sem nada dizer.

Retornamos à colônia... E como me senti aliviado! Rever as flores, árvores, aromas magníficos... Era o paraíso! Anabel já nos esperava na entrada da cidade. Ele nos fez elogios, reparou a nossa agilidade, rapidez.

– Preparem-se para as tarefas seguintes! – Anabel falava. – Podem ser iguais ou piores que essas!

Só pensava em ser no máximo igual a essa... Será que existe pior? Será que pode dar errado alguma vez?

– Não tema, Samuel! – Anabel expressou-se. Ele lia os meus pensamentos. Lá nada era escondido de ninguém, mesmo! – Bhajana e Vibhuti lhe ensinarão mais! Tranquilize-se!

– Faremos um ótimo trabalho! – Bhajana comentou, admirando-me com afeto e calentura.

Afastei-me do grupo. Queria ficar um pouco sozinho e pensar acerca de tudo. Eu subi as montanhas. Cada passo acima escurecia o dia. Ao chegar ao topo, o céu já estava estrelado. Era possível ver cometas, estrelas cadentes, a galáxia... Permaneci exilado para refletir sobre a missão. Com certeza Anabel gostaria de algumas conclusões minhas. Prestava atenção no método dele. Bhajana e Vibhuti eram muito mais evoluídos que Augusto e Ananda. Não tanto... Mas possuíam a característica da indiferença. Anabel pretendia uma troca de energia entre mim e eles. Uma boa influência. Aquela história de estímulo. Para que eu busque inspiração nos dois. Talvez assim me concentrasse e me esforçasse mais. Anabel queria que eu os admirasse; pedido fácil de fazer. Pois, quando você admira alguém, na maioria das vezes pretende ser como a pessoa. Então essa é a ideia de Anabel – que eu queira chegar ao estágio de Bhajana e Vibhuti. Não é para eu ser igual, porque cada um tem sua santidade e sua maneira de chegar a ela.

A santidade é um caminho árduo e de devotamento. São necessários a vontade e o foco, pois é simples se perder no meio da estrada. O esforço... Dizem que não tem de haver esforço, tem de ser natural, mas ainda estou no estágio de me esforçar... A mente precisa fluir e desaparecer... O que será que isso significa? Ser indiferente a tudo? Como Vibhuti e Bhajana? Como Anabel? A paz é isso? Esquecer-se de si mesmo? Bom seria, acho... Assim, pelo menos, não haveria preocupações.

Ainda tento desvendar a santidade, o nirvana... Sei que está dentro de mim em algum lugar e que preciso apenas despertar essa chama já existente. É o que chamo da presença do Eu Sou. "Eu Sou o que Sou." É uma sentença das mais misteriosas que devemos revelar.

Ser. Ser. Tão somente ser.

Dias mais tarde, Bhajana me aguardava no lago. Um arco-íris havia se formado. Ele envolvia os extremos do lago. Bhajana inalava o perfume de uma flor e seus pés estavam dentro da água. Ela olhou para traz e viu a minha aproximação. Também molhei meus pés naquela água. Ela permaneceu em silêncio; e assim continuaria se eu me recusasse a iniciar um diálogo.

– Está tão linda aí sentada com a flor entre as mãos... As pernas na água... – ela fitou-me de rabo de olho. Deu uma risadinha.

Eu apanhei uma flor vermelha e pus em sua orelha.

– Eu amo você! – ela citou.

– Eu amo você, também! – respondi, abraçando-a.

– Vamos visitar nossos "filhos" lá embaixo? Quero beneficiá-los com a minha presença auspiciosa.

– Seria ótimo.

Preparamo-nos e descemos. Era noite. Bhajana começou a velar o sono de uma menininha. Aquela alma já era uma conhecida de Bhajana de várias encarnações. O anjo sintonizava-se com a menina em seus sonhos. Bhajana recitava sentenças de encorajamento e aconselhamento. De repente, a linda garotinha apareceu para nós. Seus olhos eram verdes e radiantes, sorria alegremente:

– Bhajana! – gritou.

– Maria! Ouviu-me! Pensei que não apareceria!

Bhajana permaneceu horas conversando com Maria. Eu assistia a tudo. Maria solicitava esclarecimentos sobre os desafios e as provas que teria de passar naquela existência. Bhajana auxiliava no que podia. Todas aquelas informações permaneciam guardadas no subconsciente de Maria e, um dia, ela empregaria aquelas ideias pensando serem dela mesma. Isso é muito comum no sonho – quando somos inspirados e após, cremos que aquelas ideias foram nossas...

Depois que saímos de lá, eu questionei Bhajana:

– Ela não vai se lembrar de nada do que você falou?

– Ficará no inconsciente. Mais tarde ela fará uso disso.

– Eu me lembro de que você me visitou em meu leito de morte na última vida... Disse-me para eu ter calma e paciência. Que logo retornaria ao meu lugar legítimo, de origem, e até mesmo relatou não haver mais necessidade de eu reencarnar. Eu me senti extremamente feliz; como se houvesse passado na prova. Cumpri minha missão. Então você pronunciou:

– Alegre-se! Pois será de muita valia lá no reino espiritual! Fará parte de uma sociedade de amor!

Você tentava fazer com que eu me lembrasse de algo que já vivenciara. Eu respondi:

– Que bom estar com você novamente! Trabalharemos juntos? Você disse que sim.

– E aqui estamos nós! Aposto que logo será capaz se "iniciar" alguém! – falou Bhajana.

– O que falta?
– Você sentir isso. Sentir que está pronto. Você está?
– Não.
– Vem daqui – ela aponta a minha cabeça – da mente. Todos os seus dogmas, problemas, dualidade, culpa, tristeza, tudo de bom e de mau. Você precisa escolher. Escolha o melhor! Seja senhor de si. "Eu posso!" "Eu sou capaz!" "Eu Sou luz!" Quando você muda os seus sentimentos, sua mente muda. Você se convence daquilo. "Eu Sou luz!" Absorva essas palavras. Isso o ajuda no progresso e a se sentir melhor, mais vivo e mais forte! É um processo o qual o irmão já conhece, não Samuel?
– Compreendo, irmã querida! Sou um mestre! Sou um mestre!
– Sim, você já é um mestre! Sabe o que poderia fazer, agora?
– O quê?
– O mesmo que eu fiz com Maria. Discuta o carma, aconselhe, acalente alguém encarnado que lhe é querido! Fará bem para os dois. E já vai praticando para o "mestrado".
– Tem toda a razão. Vamos até Isadora!

Eu saí dali saltitante e alegre, bem-humorado. Agora visitava Isadora. Ela dormia tranquilamente ao lado do marido. Pela janela passava uma claridade suave da rua. As paredes eram brancas, no aposento havia quadros de paisagens. Na cabeceira a Bíblia Sagrada, embaixo um livro de autoajuda e, na outra cabeceira, um livro espírita. Eu a chamava.

– Isadora! Isadoraaa! – docilmente.

Ela apareceu em seu corpo fluídico. Na primeira vista ela estranhou a minha pessoa, porém sabia quem eu era. Mesmo com uma aparência diferente, um espírito pode reconhecer o outro sem muitos problemas.

– Vovô? Mas o senhor está tão jovem e bonito! O que aconteceu?
– É isso o que acontece quando atravessamos para o outro lado. Nós ganhamos nova vida! E eu quero que creia nisso. Continue nesse caminho... Na prece. Não duvide, filha! Para Deus apenas existe o possível! Venho nesta forma para que compreenda esse assunto... Que somos espíritos e não carne. Esta é como uma roupa que

trocamos; porém, nossa verdadeira essência é o espírito! A vida se torna mais simples se crermos em um Deus bom que nos têm como filhos e almeja o nosso melhor e o nosso crescimento espiritual... Não a nossa descida! Mesmo possuindo o sofrimento como forma de aprendizado, continue crendo! Entenda! E alerte seus irmãos! Se estão unidos pelo sangue e parecem inimigos, é porque necessitam fazer as pazes! Pedir desculpas e perdoar. É esse o objetivo de vocês. Alcancem essa meta! Desenvolvam a fraternidade! Não há mais motivo para brigarem. Vejo que está lutando por isso e o milagre vai acontecer. Estou feliz. Continue orando por eles. Por nós.

– Obrigada, vovô! Sua sabedoria realmente se elevou!
– Siga elevando a sua também!

Eu me retirei. Nós dois, Bhajana e eu, retornamos à colônia.

– Você já é um mestre! – ela sussurrou em meu ouvido e após me deu um suave beijo. Abracei-a com carinho.

Apenas precisava entregar melhor os meus sentimentos. Como Bhajana me disse: sentir essa realidade que tanto almejo!

Em alguns momentos eu queria ficar sozinho, em outros preferia estar em sintonia com os irmãos. Meu comportamento mudava a cada dia.

As missões com Bhajana e Vibhuti não foram poucas. Estava aprendendo a dominar minhas forças. Perceber toda a minha capacidade e crer nela. É necessário confiança e vigor para a ação. Sem isso, a derrota seria visível e inevitável! Isso é importante para um mestre: confiança, poder... Sem falar na humildade, imprescindível e, sobretudo, a paciência de monge! Esta, então, é famosa. Pois para ensinar com falta de paciência... É melhor desistir!

Eu me acalmava com o passar do tempo. Aquela ansiedade toda ia fluindo devagar. Meditava no que os mestres diziam e sabia que tudo viria em seu tempo. Como explicar um sentimento quando você está repleto de amor e cheio de luz? Eu vivenciava isso. Meu amadurecimento era perceptível. Os mestres já faziam seus planos para mim.

Capítulo Dezoito

Ser, Meditação de Ananda

Eu recebia ensinamentos todos os dias, contudo assimilá-los era outra história. E entender era distinto de viver aquilo e aceitar. Como seguir era completamente diferente de SER. Além de me aprofundar e compreender as lições, necessitava praticá-las e vivenciá-las.

Fitava Ananda e reparava em seu estado de felicidade e paz. Como ela consegue? Ela não se contorce em dúvidas? Como a serenidade a envolveu? Ainda procuro explicações. Eu desejo essa paz e essa despreocupação.

Estávamos na cachoeira e lá a interroguei. Ela nadava e eu estava sentado em uma pedra.

– Qual o seu segredo, Ananda?

– Meu segredo?

– O que faz para ter essa paz? Não a vejo se perguntar sobre a vida nem procurar respostas...

Ananda riu.

– O que foi? O que eu disse que é engraçado?

– Você não pode encontrar ou ter algo que já é seu por natureza! Procura por algo que já está em você... Aí dentro! Que É você.

Eu entrei na cachoeira. Escutávamos o furor da água nas pedras. O sol cintilava. Aproximei-me dela. Ananda olhava-me fixamente com um lindo sorriso.

– Como assim? Como funciona? – foi a minha pergunta.

– Porque a paz está em você! Ela não é um objeto que possa conquistar. Não é como uma roupa que se veste e retira. É o que o mestre já ensinou: SER. Nada cresce de fora para dentro. Começa de dentro para fora. Certo? Como uma semente.

– Sim. Deixar a semente germinar. Permitir que Deus cresça em mim.

– Isso. Muito bem, Samuel! Quando você se preocupa demais o interior fica desidratado. A paz vem da certeza.

– Da certeza?

Segurava suas mãos e nadávamos.

– Sim – ela parou de se mexer. – Da certeza de que Deus me ama e de que me fez perfeita. De que sou perfeita. De que essa é a verdade e de que aos poucos, sem pressa, estarei apta a descobrir e revelar outros mistérios. É capaz de sentir isso, Samuel?

– Nossa... – fiquei encabulado.

– Por que você tem pressa? Tudo vem na sua hora correta. No seu tempo. Não é mesmo? – voltou a nadar.

– Sim – respondi.

– Então... Por que tanta preocupação e pressa em evoluir? Por que ansiar por algo que já tem? Ou melhor... Que você já é?! Precisamos enxergar isso! Como um cubo de gelo que não passa de água. Mas é água congelada, porém ainda é água mesmo assim! Como o vapor, que mesmo nessa forma ainda não passa de água! Muda a forma, mas é a mesma coisa. A essência está lá escondida e oclusa pela *forma*. Não podemos deixar nos enganar pela forma, pois ela se transforma. Já a essência é a mesma sempre.

SER...

– Somos perfeitos como essência primária? – citei.

– "Filho de peixe...

– ... Peixinho é" – completei.

Nós dois rimos. Como o Universo é maravilhoso. Temos de ver a simplicidade nas coisas, caso contrário elas sempre parecerão com um bicho-papão prestes a nos abocanhar.

Meus olhos brilhavam e sentia-me muito feliz. Estar em sintonia com Ananda era mágico. Uma das melhores sensações que poderia experimentar. Ela tem o poder de aliviar-me. Não é à toa que trabalha no hospital.

– Não se afobe! O seu véu cairá a qualquer momento e poderá enxergar a realidade.

– Desde que aqui pisei esse véu vem caindo. Obrigado por estar comigo, Ananda! Obrigado por me apoiar e auxiliar em minha jornada. Você é a melhor irmã que poderia ter!

Eu beijei sua mão, o que demostrava a minha total gratidão. Ela me abraçou e afundamos na cachoeira.

Sol após sol eu progredia e compreendia os ensinamentos. Ananda era como uma mestra para mim. Tudo o que me falava era para me levantar. Qualquer problema tinha uma solução para ela. Sua calma e paciência, sua confiança no Eterno, davam-na seu sustento, paz e felicidade suprema. Era disso que eu carecia: calma, paciência, confiança. Confiar. Permitir que a Força atue sobre mim e faça seu papel. Estar liberto das amarras. "O Senhor é o meu pastor e nada me faltará." Pois o Senhor está comigo! Por isso nada temerei! Você se preocupa quando acha que pode dar errado.

"Não turbeis o vosso coração, crede em mim; crede também em Deus." (João, 14:1)

Não, não me desesperarei, porque Deus está comigo! Ele é a minha solução. Minha salvação. Eu creio que Ele me dá forças e será conforme Sua vontade suprema. Seu amor me preenche e sei que está em minha vida. Erguendo-me, acolhendo-me, protegendo-me e aconselhando-me. Mostrando-me o caminho com Seus sinais divinos. Minha vitória é certa, pois creio. Nada nem ninguém me impedem. Se é da vontade d'Ele, assim será, assim é! O Senhor me abençoa e me guia. Dá-me forças e sabedoria para que eu seja aprovado nesta prova, que é a vida terrena. *O meu Deus é maior que todos os meus problemas!* É maior que toda a negatividade que me rodeia, que todos os sentimentos e pensamentos maléficos que eu possa vir a carregar. O Senhor me salva e me guarda. Ele ora pela minha existência. Sim, Ele ora pela minha existência. Estou com Ele e Ele comigo! Em unção. Em unção eterna e esplendorosa. Eu agradeço Sua força inovadora em minha vida. Obrigado! Obrigado, Senhor!

E assim é! Agora e sempre!

Capítulo Dezenove

Samuel Recebe Caio

Estava debaixo de uma árvore lendo um livro calmamente, ouvindo os cantos dos pássaros, quando Ananda vem explodindo em minha direção:

– Samuel, venha logo! – ela sorria com alegria e entusiasmo.

– O que foi? – disse sorrindo. Aquela alegria era contagiosa!

– Venha ver quem está chegando!

Eu fui levado por Ananda até o portal de entrada da colônia. Vários irmãos estavam reunidos. Comecei a ficar ansioso. Quem seria? Pela expectativa de Ananda era alguém muito próximo.

– Diga, Ananda! Quem é?

– Espere para ver! – ela respondeu olhando diretamente para a enorme porta.

Uma luz apareceu na entrada. Dali distingui três silhuetas. Lá estava ele: Caio (significado: alegria), meu filho. Ele estava acompanhado de seu anjo da guarda e de um guia espiritual. Entraram na colônia e o portal se fechou.

Caio foi meu filho muitas vidas atrás e tal laço se estreitou no mundo espiritual. Eu fui a seu encontro e o abracei. Caio estava com um bom aspecto. Os olhos brilhantes e as bochechas vermelhas. Até mesmo bem parecido comigo! Diriam que era meu filho, sem sombra de dúvida! Ah! Os cabelos negros curtos, os olhos castanhos... A aparência era de um jovem de vinte e poucos anos... Os lábios também avermelhados, como se estivesse comendo algo da cor. As vestes eram brancas e sorria animadamente. Fitava todos os cantos e parecia estar surpreendido e embasbacado. Fui ao seu encontro e o abracei.

– Bem-vindo de volta, filho!

Caio ainda parecia um pouco desnorteado e admirado. Talvez não estivesse crendo no que acontecia. As lembranças ainda estavam aprisionadas no interior da alma.

– Que bom vê-lo novamente, Caio Miguel, meu filho!

– Miguel? Não, é só Caio!

– Ah, claro!

Chamei-o daquela forma, porque na outra vida, quando foi meu filho, se chamava Miguel e, nesta última, é que seu nome fora Caio...

– Sim, sim! Então, Caio, como se sente?

– Nunca havia experimentado tanta paz! Estou certo disso! Mas... – ele fez uma pausa. – ... Eu não o conheço? Parece-me que o conheço, sim!

Eu ri e toquei seu ombro. Todos presenciavam aquele encontro.

– Sei como é... Depois descobrirá de onde me conhece!

– Filho, filho, filho! – Ananda corria até Caio. Ela parou e beijou as mãos dele. – Seja bem-vindo ao novo mundo!

Caio mirou-a com receio e estranheza. Fez a pergunta que não queria calar:

– Eu morri?

– Bem... Pode-se dizer que nasceu outra vez! – Ananda tentou explicar delicadamente.

– Que sensação estranha! Sinto que já os conheço há muito tempo, mas não me recordo de onde! E este lugar... Já estive aqui! Sim, já estive aqui, sim! Estive! – Caio rodeava em torno dele mesmo.

– As memórias virão aos bocados! Não se preocupe! – Ananda procurava acalmá-lo.

Ananda era a minha esposa quando tivemos o Miguel. Foi há séculos e séculos. Foi uma vida pobre e sofrida. Já era até uma página esquecida... Ele foi o filho mais velho da família e me ajudava a sustentar a casa.

Outros irmãos vieram cumprimentá-lo. Caio se sentiu em família... E estava em família! Tudo parecia conhecido. A sensação de conforto era perceptível e a paz o preenchia livremente. Era como se estivesse no colo da mãe. Lembra-se? Traz uma segurança que depois de crescido você nunca mais sente. Esse conforto é pleno e relaxa instantaneamente. Tente lembrar como era...

Levaram-no para a sessão de purificação. Ele saiu da cachoeira extremamente radiante. Lá a gente se sentia assim como acabei de falar: no colo da mãe.

Os olhos de Caio inclusive mudaram de cor! Do castanho para o mel. Sua face estava iluminada!

Após o ritual o levei por um passeio na colônia. Eu mostrei os pomares de maçãs e jabuticabas. Fomos ao lago, ele achou incrível! Passamos também em frente ao prédio central da administração, onde Anabel e Madhava ficavam boa parte do tempo discutindo a direção da colônia. Eram responsáveis por vários direcionamentos de serviços. Eles fazem parte da Fraternidade Branca, que fiquei por explicar em outra oportunidade para Caio. Falei sobre os superiores de Madhava e Anabel, que enviavam suas mensagens com as ordens a serem cumpridas naquele reino espiritual e, por conseguinte, na Terra em seus domínios de trabalho. Desse modo, eles recebem as instruções das missões e a escolha de quem vai fazer o que é deles dois!

Caio ouvia tudo com atenção, mas ainda muito admirado e apreensivo. Talvez já estivesse pensando que o mandariam de volta à Terra!

– E você? O que faz? – perguntou-me.

– Um construtor. O que ainda está por vir, eu construo.

– Ué... Como pode? Eu nem posso imaginar que isso exista! Construir o futuro?

– Ah, mas você já sabia!

– Sabia?

– Sim, pois você também é um de nós!

– Sério? Não creio. Quando poderei me recordar dessas passagens tão fantásticas?

– Com o tempo... Depois que a confusão se evapore.

– Então isso quer dizer que no Céu – fez uma pausa – se trabalha? – Caio questionou rindo.

– Mais do que você imagina, filho! – respondi entusiasmado.

– Você se cansa?

Eu olhei bem para ele e ergui as sobrancelhas.

– Não. Claro que não!

Só de vez em quando, eu pensei... Daqui a pouco nunca mais!

– Não? – com os olhos esbugalhados.

– Não, porque primeiro: não há corpo físico para se cansar. Segundo: nosso trabalho não é para nosso sustento como na Terra. É um trabalho humanitário, de utilidade pública! Todos, sem exceção, desempenham alguma função. E nós nos sentimos felizes e contentados por sermos úteis. Entendeu?

– Nossa! Que absurdo!

Eu ri com vontade e disse:

– O que pensou, garoto? Que chegaria ao Paraíso e tocaria harpa em cima de nuvens pelo resto da eternidade?

Caio sorriu e respondeu comicamente:

– Era por aí, sim!

Rimos juntos e sentíamos a nossa ligação crescer.

– Nada disso! Aqui se trabalha até mais que na Terra! Aqui também estudamos, brincamos, fazemos comemorações, etc., como lá embaixo! Igualzinho!

– Cada um faz a sua parte, né?

– Exatamente.

– E eu? Vou continuar na mesma função?

– Não sei... Provavelmente, sim. Mas não começará imediatamente! É necessário se adaptar ao novo mundo outra vez. Daqui a pouco verá Ananda de novo, ela é "médica". Fará uma avaliação espiritual.

– Ela dirá em quanto tempo será essa adaptação?

– Não precisamente. Depende de você o seu progresso: é isso o que ensinam aqui!

– E o que eu farei enquanto há essa pausa nas minhas atividades?

– Você aprende.

– Frequentarei uma escola? – ele falou um pouco mal-humorado.

– Pode-se responder que sim! Conforme for se habituando irá retornar ao trabalho.

– Bom... – aderindo às ideias. – Quero aprender, quero ser útil.

– Sim, claro! Agora vamos ao hospital onde Ananda se encontra.

Acompanhei Caio. Sentamo-nos em frente à sala em que Ananda consultava. Caio estava completamente maravilhado. Para ele, o Céu era feito apenas de nuvens! Ananda finalmente apareceu.

– Olá, meu filho querido! – Ananda fitava-o com ternura e amor. – Entrem!

Entramos na sala. Havia uma poltrona branca confortável. Uma maca da mesma cor. As paredes e as cortinas também eram brancas. No local não havia nenhuma mesa. Ananda se instalou na poltrona encostada na parede oposta da maca, Caio sentou-se nesta e eu fiquei em pé.

Ela fez o mesmo interrogatório de sempre, como o da Ângela... Ananda tirava as suas conclusões. Ele já não estava tão ligado à matéria. Nada de fome, sede, frio ou coisas dessa categoria. Apenas uma dor nas costas, talvez pelas condições da morte. Estava internado há vários dias quando faleceu. Ananda o magnetizou e a dor sumiu.

– Não é necessário que permaneça aqui, apenas retorne todos os dias para uma magnetização – ela declarou.

Ananda continuou lá, enquanto ele e eu prosseguimos com o passeio. Caio reparou que ainda não havia presenciado nenhuma moradia.

– Samuel, onde estão suas casas?

Eu ri. Que divertido era dar explicações a quem acaba de chegar de viagem, de um outro reino diferente!

– Casas? Para que casas?

– Não há casas?

– Pelo menos aqui nessa colônia... Não!

– Por quê?

– Para ajudar no desapego da posse. Aqui tudo é de todos!

– É uma boa tática!

– E se é! Dessa maneira inexiste foco no "MEU" e no "SEU". Minha residência, meus objetos, sua casa, seus livros...

– Compreendo... Mas e se eu quiser ficar sozinho? Em silêncio? Ou conversar com alguém em particular?

– Ah! Olhe para esta imensidão! – abri os braços e rodopiei. – Há espaço suficiente para isso! Atente para esta paisagem maravilhosa! Acha mesmo que meditaria melhor entre quatro paredes? Melhor que sentir a grama, a brisa e o sol?

– Tem toda a razão! Por esse lado é mil vezes melhor que qualquer casa!

– Sim, é! Adorei isso ao chegar aqui! Fiquei eufórico! Tudo o que desejava! Vamos falar a verdade? É o que a maioria quer! E há tudo de que se precisa! Caso sinta fome, existe o pomar! Se tiver um mal-estar, lá está o hospital! Se quiser ler ou pesquisar, há a biblioteca! Caso precise de um conselho, existem os mestres! É ou não é o Paraíso?

– Sim! Mas e se eu sentir sono? Onde dormirei?

– A gente não dorme.

– Não?

– Não. Como já disse, quem necessita descansar é o corpo físico! Lembra? Agora você é espírito. Não se cansa.

– Mas eu vi leitos no hospital e pessoas dormindo!

– São recém-chegados. Eles ainda trazem muitas impressões materiais e estão se adaptando. Pode até ser que um dia, mesmo já adaptado, durma; talvez por usar demais sua energia, mas esse é outro assunto.

– Eu não permaneci no hospital; isso é bom?

– Sim, é muito bom. Grandes passos ainda virão na sua jornada, filho! E também estou na mesma estrada que você. O caminho que leva à ascensão.

Eu estava feliz por rever Caio. A conversa foi longa até Anabel chegar e dizer que Caio tinha de ir, pois seu instrutor o aguardava. Houve uma breve despedida e Caio Miguel foi com o mestre.

Após aquilo, fiquei próximo ao hospital esperando a saída de Ananda. Ela me vê.

– Como está, querido? O que quer fazer?
– Vamos olhar as estrelas outra vez?
– Boa ideia! Vamos agora mesmo!

Nós dois subimos até o topo da montanha onde sempre vamos para refletir. Deitamos no chão e ficamos admirando o Céu pingado por estrelas.

– Como foi o dia com Caio Miguel?
– Foi ótimo! Senti-me um mestre explicando o funcionamento do nosso plano e da colônia, em particular. Caio achou magnífico, esplêndido!
– Posso imaginá-los por aí andando nessa imensidão que é a colônia.
– Visitamos o pomar, o jardim, o lago... Então o mestre veio e o levou para seu instrutor.
– Ele subiu um degrau desde a última vez em que o vi – Ananda falou.
– Também acho... Talvez melhor que eu...
– Paciência é uma virtude, Samuel! Pare de se lamuriar! As impressões materiais do Miguel não foram tão fortes e o desenlace foi quase imediato.
– Já soube algo sobre a próxima vida dele?
– Não. Possivelmente foi a última. E você está indo muito bem, Samuel! Não precisa mais reencarnar! Esqueceu-se?
– Hahahah! – eu gargalhei. – É verdade! De vez em quando a "ficha volta". Engraçado. Vida após vida... Quase não cremos que acabou, que dali para frente será diferente.
– Compreendo. Achamos que nunca vai acabar – Ananda mirava o Céu.
– Como se abrisse a gaiola e por um momento não nos damos conta de que podemos ser livres. Viva a liberdade!
– Viva a liberdade! – ela gritou rindo.
– O que há de melhor a não ser a liberdade? Ser livre? – falava com empolgação.
– Liberdade da alma, do espírito!

– O que é preciso para ter liberdade? – eu indaguei.
– Libertar-se do medo, primeiramente.
– Claro, pois ele paralisa. Não é isso?
– Sim. Ele nos prende. Amarra-nos. Impede o progresso. Impede a tão sonhada liberdade.
– Vamos nos jogar da gaiola sem receio e voar. Voar plenamente.

Passamos horas dialogando sobre a Divindade. Presenciamos o alvorecer, todo seu esplendor e poder. É um momento de recarga de energia, pois nos deixa felizes.

Capítulo Vinte

Madhava e Autoestima

– Sobre o que falaremos hoje, mestra? – Augusto perguntou.
– Sobre autoestima... Não que eu pense que haja algum entre vocês que não a tenha; pois a autoestima vem de estar bem consigo mesmo. E todos vocês já aprenderam isso! Aprenderam que vivem para a felicidade e plenitude! Que a sua saúde vem dos seus pensamentos e sentimentos.

Eu observava a mestra e imaginava como seria divino participar da evolução de alguém. Desejava ser como ela. Era isso o que eu almejava: ser mestre. Até mesmo o Augusto já possui alunos. Caso Ananda tivesse seguido essa ordem, com certeza seria ótima e já teria um iniciado. Eu farei o possível para ter essa possibilidade o quanto antes.

– Pois o que provoca a baixa estima? – Madhava perguntou.
– Falta de luz! Falta de garra, determinação. Deficiência no entusiasmo. Você precisa entender que vive para o que há de melhor e saber que é único e, por isso, especial. Você é especial para Deus. Todos somos filhos de Deus.

A autoestima traz benefícios. Na realidade, impede a perda da saúde. Ela é plenitude: Eu Sou mais Eu. Eu posso!

A depressão apenas ocorre quando a pessoa se limita. Ela mesma se fecha. Pensa que tudo está ruim, errado, e que não há como mudar. Imagina que o mundo é injusto com ela; mas é o contrário: você faz o seu mundo! Você que deve interferir nele e não o mundo interferir em suas atividades. Compreendem? Você é o escritor de sua história e não uma mera vítima do destino! Isso é inaceitável! Escutaram? Não existe vítima! Você determina o papel que pretende realizar... Se é o de vítima ou vitorioso. Você decide! Por isso a depressão chega. A pessoa enxerga-se como vítima.

Ao pensar assim, pequeno, ela limita suas possibilidades. É como se bloqueasse instantaneamente vários caminhos que poderia seguir. Desistir da vida é um ato de covardia! Sim, claro! Todos nós merecemos a vida e o que há de melhor nela! Quando você acredita nisso e *vive* isso, é feliz. Deus lhe ofereceu a dádiva da vida! Desperdiçar um presente de Deus é uma ação que não tenho palavras para explicar. É covardia, como disse.

Você ama a Deus e, por conseguinte, tudo o que provém Dele é bom e digno de ser amado. Ame a vida! Estar em harmonia com o Cosmos é estar bem consigo mesmo. Ter autoestima é crer no poder criador da existência.

Você acorda e diz: "Bom dia, dia!" Contudo, há os que levantam e dizem: "Que merda! – o dia não poderá ser pior!"

Evitar brigas, estar de bom humor, agradecer pela vida são hábitos de alguém que está de bem com o mundo. Com Deus. Deve-se abraçar a existência como um presente. A depressão é negar a vida e todas as infinitas possibilidades que ela traz. É como se você não quisesse ser quem verdadeiramente é!

Alguém depressivo idealiza que tudo está contra ele, que sempre vai dar errado... Enquanto o feliz espera sempre o melhor do dia.

O depressivo pensa ser o alvo de todas as tragédias. Ele causa seu próprio sofrimento e tem dificuldade para sair dele. Enterra-se na escuridão e na solidão.

Quem possui amor dentro de si jamais irá sofrer. Quem possui alegria, vitalidade, confiança e, principalmente, fé, jamais irá sofrer! A fé é nosso combustível. Sem ela, somos os depressivos. Sem fé, não há luz em nossa alma.

Madhava demonstrava toda a sua maturidade espiritual. Eu estava atento ouvindo a palestra. Então me imaginei no lugar dela. Com aquele ar superior, aquela paz e calma, aquela luz extraordinária.

Fazer parte da evolução de alguém me deixaria muito feliz e o contentamento estaria presente. Uma felicidade invadiria meu ser. Poderia me comparar a um pai que vê o filho crescer! Quero poder ser pai dessa maneira, como é Anabel e Madhava. Como Ananda é para mim. Não há dúvida de quanto aprendo com Ananda e agora com o Augusto – outro iluminado. Estou em boas mãos. Aviltar-me é a minha finalidade. Ainda serei um mestre assim como Ananda, pois tem poder para isso; e Madhava, porque já é uma de suas funções. Não que eu não seja um mestre... É necessário mais tempo. Pois se pensar que sou incapaz, não me darão tal função. Preciso me reconhecer como mestre. Vou perguntar ao mestre Anabel o que é necessário para ser um deles. Estou curioso para saber o que ele irá dizer. Posso imaginar suas falas sobre responsabilidade, união com o aluno e tudo o mais.

Madhava terminou a aula e fui à procura do mestre em seu escritório no prédio de comando da colônia. Cheguei a sua sala e não se encontrava. Comecei a andar pelo espaçoso recinto. Olhar os objetos e papéis em cima da mesa. A janela enorme tinha a vista de árvores frutíferas e montanhas ao longe. De repente, Madhava surge em minha frente. Assustei-me na hora, ela me surpreendeu.

– Procurando pelo Anabel?

– É... – encabulado. – Sim, estou. Sabe onde ele está?

– E por quê? – franzindo a testa. – Eu não sirvo? – com as mãos atrás das costas.

Ela me deixou um pouco envergonhado, porque, além do mais, mexia nas coisas do mestre e dela, pois a sala era dos dois. E queria falar com o mestre e não com ela.

– Não, é quê... – tentava responder.

– Relaxe, Samuel! Está devendo alguma coisa? Acha mesmo que eu ainda me ofendo?

O que foi aquela frase? Deixou-me confuso. "Acha mesmo que ainda me ofendo?" O que quis expressar?

– Não se importou... – fiz uma pausa – ... de eu ter mexido nas suas coisas? E preferir falar com o mestre e não com você?

— Sente-se! – quando ela disse aquilo até bufei. Então começou. – Quando alguém se ofende é porque acredita naquilo que lhe disseram.

Estávamos frente a frente na mesa. Senti-me constrangido no momento. Ela continuou:

— Está até mesmo relacionado com a aula que acabamos de ter... Você diz que não sou boa conselheira, se eu me ofendo é porque existe algo dentro de mim que crê nisso! E a sua travessura de detetive, também é pouca coisa... Não tenho sentimento de posse, entretanto, não pode fazer isso! Sei que era mera curiosidade e não maldade! Por isso o incômodo nem aparece. E retornando à questão de preferir falar com Anabel... É preferência sua... Se sei que sou uma boa professora e conselheira, isso não me atinge. Pelos mesmos motivos da aula que acabamos de ter: autoestima.

Ali ela respondeu à minha pergunta antes de eu perguntar. Uma das qualidades como mestre: saber que é um mestre e se considerar um. Como eu já estava pensando... Toda aquela cena foi armada por ela para me ensinar e responder à minha questão. Ela deve ter lido a minha mente! Então ela riu e disse:

— Estou só brincando, Samuel! Desfranze essa testa! Ele está na cachoeira!

Eu pude sorrir.

— Obrigado, mestra! Refletirei sobre seus ensinamentos, oh, Mahatma (grande alma)!

— Vá em paz! Esteja em paz! – fechou os olhos, estendeu a mão direita em sinal de bênção e a esquerda permaneceu no coração. Eu fiz a reverência com as mãos juntas e me curvei. Depois, beijei as mãos dela.

Saí em disparada ao encontro de Anabel. Ao chegar à cachoeira, reparei que mais uma sessão de purificação terminava. Ao longe avistei o professor. Saía da água. Acenou ao me ver. Fui aproximando-me. Ele se despedia de alguns irmãos. Cumprimentei-o.

— Que bom vê-lo, mestre!

— Venha! Vamos conversar – pegando em meu ombro.

Caminhamos até o imenso jardim da colônia. Sentamo-nos entre as flores amarelas, vermelhas, cor-de-rosa, azuis...

– Então diga... O que almeja saber?

– Mahatma, o que é necessário para ser um grande mestre como o irmão?

– Hummm... Acima de tudo o coração, claro! Depois o conhecimento necessário e diversas outras habilidades, como paciência, tolerância, perdão, amor. Virtudes indispensáveis! O mestre não pode ser ansioso, pois caso seja irá querer acelerar os processos de aprendizado. O aluno deve assimilar a lição sozinho, por isso necessita do seu tempo, não o tempo do mestre. A tolerância fará com que ature as falhas do iniciado. Deve sempre perdoar o aluno, pois ele ainda está aprendendo... O amor agirá de forma a uni-los. O mestre deseja que o aluno cresça por méritos próprios. Fará o possível para que isso ocorra. É como dar a vara para ele pescar. Pois assim, se ele alcançar seu objetivo, foi por merecimento.

O auxílio sempre virá. Um guia, um pai, um irmão... Faz toda a diferença. Abre as nossas vistas. Esse guia deve ser cauteloso e zeloso. Saber "puxar a orelha" de modo construtivo. O que não é para qualquer um! É falar da falta cometida e dar uma solução. Fazer o melhor, ainda assim parecendo ruim. O resultado final conta! Tudo exige sacrifício e abstenção; não há jeito!

Deve ser exigente, pois será considerado por isso! E acima de tudo dar o exemplo! Claro! Pois sem ele, perde toda a confiança e respeito do aluno! O respeito vem da admiração. *Você admira a pessoa que gostaria de ser!* Admira uma pessoa que tem qualidades que você deseja ter! Pense nisso!

Eu concordei com tudo aquilo que Anabel me disse. Achei extremamente eficaz. Eram fatos que ainda sequer havia prestado atenção. Fiquei abismado.

– Esse é o tipo de mestre que você tem de ser, filho! – Anabel relata. – E a afinidade com o iniciado é indispensável! Sem discussão!

– Claro – interagi. – Senão como haverá troca e cumplicidade?

– Exato! É necessária a cooperação entre os dois. Tanto o aluno deve se esforçar em aprender e melhorar, quanto o professor em auxiliar e ter paciência para ensiná-lo da melhor forma e no tempo adequado. O guia deve ser prático, compacto, acessível e "camaleão". Precisa se adaptar ao aluno. Diferentes métodos para diferentes pessoas. Nem tudo o que serviu para um vai servir para você! Somos diferentes um dos outros. Cada um de nós possui sua essência.

Alguns carecem mais de dor e sofrimento para se desenvolver; outros apenas de análises construtivas. O mestre tem de reconhecer as fraquezas e os pontos fortes de cada pupilo. Um mestre é evoluído tanto moral quanto intelectualmente; para que assim guie de forma correta. Uma tarefa de grande responsabilidade e dedicação. O iniciado é como um filho. Assim o elo se fortifica. Estou sempre com você, Samuel! Pode contar comigo! Ser mestre é isso... Dar apoio e focar nas qualidades do aluno. É um erro olhar apenas para as faltas! Deus leva muito mais em conta o nosso lado bom do que o ruim! Porque Ele é bom! Então as qualidades e boas ações sempre pesam mais do que as ruins! É fato e lógico! Se o que você procura é a melhoria espiritual, por que sublinhará sempre o que está ruim ou é errado? Se você olhar para as coisas boas se sentirá muito melhor e com mais vitalidade para prosseguir! E se falarmos em julgamento divino, um tema abrangente, o que tem em seus pensamentos e coração é muito mais válido do que qualquer ato! Não que os atos sejam anulados, mas sabemos bem que Deus visa a bondade em nós, é isso que ele espera que façamos; por conseguinte, ele não fica visando ao mal e esperando isso! Se somos seus filhos, temos em nossa essência a divindade! Por esse motivo a nossa essência é divina e boa! Por que fomentar o mal nas pessoas? Entenda isso para que não vire um mestre autoritário que, em vez de ensinar, castiga. Isso o faz lembrar de algo?

– Sim, Anabel... Suas palavras me lembram dos velhos tempos em que fui um religioso focado no mau, no pecado e não em Deus! É um erro constante! Dá até para dizer que a nossa origem é ruim e não boa! Mas eu compreendo e concordo com tudo o que diz... Devemos valorizar mais as qualidades das pessoas do que os defeitos. Porque é a qualidade que nos interessa e não o erro. Desse modo, com o tempo o progresso virá espontaneamente. A partir de uma qualidade, talvez outras venham aparecendo e as que já possui se abrangem, e logo o homem supera aqueles "defeitos" existentes.

– Porque se você castiga o erro e não dá importância às virtudes, a pessoa irá pensar: "Não importa o que eu faça! Sou ruim! Eu não mereço a vida! Mereço o castigo! Sou pecador!..." E por aí vai!

– Excelente, mestre! Esses pensamentos já passaram por minha mente naqueles tempos! Mas se você elogia as virtudes, ou ensina o verdadeiro para que ela deixe o falso, em vez de castigar, os pensamentos da pessoa serão diferentes!

– Sim, Samuel! Ela pensará: "Eu estou progredindo! Posso melhorar! Vou me esforçar mais!" Vê a grande diferença?

– Sim... Deus não castiga, então... Ele dá a oportunidade para que nos regeneremos? – Samuel questiona.

– Pode se chamar de oportunidade, sim! Pode se chamar de efeito dos atos... Tudo o que Deus planeja é para nosso bem e Ele é sábio! Se passamos por um sufoco, devemos analisar e parar de culpar Deus por tudo! Ou culpar o Diabo, nem sei o que é pior!

– As pessoas não estariam querendo se livrar de suas culpas? De seus atos? Tentando explicar o que fizeram de errado?

– Você é sábio, também, Samuel! Muitos fazem isso, talvez não conscientemente, mas fazem. E há aqueles que falam essas coisas por preferir ficar na ignorância e obscuridade; para pôr a responsabilidade em alguém por seus atos ou pelos atos de outros... É triste!

– Tem de pensar e refletir muito até entender a justiça divina! – Samuel falou.

– Eu não acho! Deus é amor e isso já basta para explicar tudo! Seja amoroso como Ele e será bom mestre! Quer mesmo isso?

– Sim, Mahatma! Do fundo do coração! Sinto que isso traz paz. Não estou dizendo que não aproveite ou não goste do que faço hoje... Compreende?

– Sim, sim! É um chamado!

– Essa função realmente chama por mim!

– Então assim será! – disse batendo em minhas costas. – Vamos, apronte-se! Tem trabalho agora!

– Muito obrigado, Mahatma, por seus esclarecimentos! Obrigado! Eles são uma luz para mim!

Capítulo Vinte e Um

Missões com Bhajana

Mais uma missão foi solicitada. Um grupo de anjos enfrentaria outro de espíritos sem luz. Vibhuti chefiava o trabalho.

Nós utilizávamos armas. Alguns arcos, outros espadas. Eu usava um arco que parecia ser de fogo. Chamuscava e brilhava, saltava faíscas. Eu fabricava as flechas que eram da cor prata e também brilhavam e faiscavam. Foi Vibhuti quem me presenteou. Lembro-me do dia:

– Tenho algo para você. Aqui está!

Vibhuti materializou o arco em sua mão e o estendeu para mim. Achei fascinante.

– Para mim?

– Sim. Para as próximas batalhas. Esse é o arco e as flechas. Você mesmo deve fabricar ao seu modo. Assim você decide o efeito que elas vão ter.

– Então, a partir de hoje, o nível de dificuldade aumentará?

– Claro! Porém você está preparado. Não se preocupe.

Nós descemos à Terra. Chegamos ao local. Uma casa antiga e cheia de recordações e energia negativa acumulada. Podia quase enxergar os fatos que sucederam. Aterrorizantes. O cheiro de sangue não podia ser negado. A residência era grande e com pouca luz. Enfrentaríamos sete infelizes que ali habitavam há décadas. Ninguém mais morava ali por causa das assombrações e a casa já estava precisando de uma reforma.

O primeiro elemento surgiu e gritou:

– Que intromissão é essa? – o indivíduo vestia bege e sua expressão era de raiva.

Ele jogou bolas de energia em nossa direção. Vibhuti bloqueou o ataque e imediatamente lhe lançou uma flecha. Acertou o sujeito, que caiu.

Então o segundo apareceu saindo de uma parede. Um sentimento de revolta arruinava sua alma. Ele partiu para cima de Bhajana, porém, ao tocá-la, ele se queima. Gritou ao ver que estava desmanchando. Os olhos de Bhajana viraram chamas e o golpeou com sua espada. Nós amarramos os dois e subimos as escadas. Eu andava devagar quando fui puxado pelo pé. O ser era esquisito. Seus olhos não possuíam o fundo branco, era negro. A íris era vermelha. Sua vestimenta era preta. Eu rolei da escada.

– Saia, demônio! Volte para as trevas! Demônio do inferno!

Eu tentava usar meu arco, porém ele me impedia. Os demais integrantes do grupo olharam a situação por alguns instantes e continuaram subindo. Espantei-me com a reação deles; contudo, logo entendi. Tinha de enfrentar os meus "demônios" sozinho.

Consegui me erguer e o ser das trevas disse:

– Vamos ver do que é capaz, filhinho de Papai! – ele ria.

O infeliz procurou me atacar e fiz uma barreira energética. Olhei em seus olhos e vi a maldade dominar. Ele correu em minha direção, empurrei-o com a energia imposta nas mãos. Fiz a minha flecha e o acertei no coração. Ele tombou, ainda se arrastou; então atirei outra e ele caiu definitivamente. Amarrei-o perto dos outros.

Subia novamente as escadas quando o grupo já retornava com os outros seres sem luz. Vibhuti abriu um portal e levaram-nos para o Umbral. Terminado isso, retornamos à colônia.

Vibhuti e Bhajana se despediram e os outros irmãos também. Fui em direção ao lago pensar um pouco. Deitei naquele chão. Por bastante tempo fiquei ali observando as nuvens, os patos... Meu pensamento era de paz. Estavam me treinando e testando. Sentei.

Comecei a jogar pedras na água. Jogaram outra pedra que passou por cima de mim. Olhe para trás. Era Ananda com seu lindo sorriso. Ela se sentou ao meu lado.

– Como está nos trabalhos com papai e Bhajana?

– Até agora, tudo certo.

– Algo diferente?

– Não... Apenas seres enraivados...

– A raiva é um veneno letal.

– Sim. Percebi neles.

Após alguns dias, Bhajana me chamou para um treinamento. Ela marcou uma árvore. Distanciamo-nos e ela disse:

– Atinja o alvo!

Procurei mirar a árvore no ponto em que ela havia marcado.

– Ande logo! Rápido!

Fabriquei uma bola de energia. Fitei o alvo e lancei. Acertei. Eu sorri, porém Bhajana continuou séria:

– O que foi?

– É para derrubar a árvore! – olhando-me nos olhos. – E de uma só vez!

Os olhos dela pareciam grandes girassóis. Por um minuto perdi o foco.

– Venha! Tente novamente!

Ela me indicou outra árvore parecida. Fez a marca. Novamente lancei a bolha mágica. Apenas consegui ferir o tronco.

– Vou lhe dar mais uma chance! – ela falou em tom forte. – Coloque mais energia na bolha!

Tentei me concentrar e depositar mais poder na bolha. Então joguei e dessa vez derrubei a árvore.

"Ufa!", pensei.

Nós fomos para o jardim. Eu estava na frente dela. De repente, algo me atinge nas costas. Caio no chão e sinto arder como fogo onde me atingiram. Eu olho para trás e vejo Bhajana. Foi ela.

– Mas o que foi isso, amor?

– Ande! Levante-se! Ataque!

"O quê?", pensava – "Derrubar Bhajana? Nem em sonho. Ela possui mais prática do que eu."

– Levante-se! Rápido! Isso é um combate!

Pus-me de pé e ela já enviava uma bolha. Eu fiz uma parede energética imediatamente. Eu até saí do lugar. Voei e fiquei acima de Bhajana e lancei um raio sobre ela; porém, ela se protegeu com um teto. Retornei ao chão e dessa vez Bhajana espargiu os raios. Fiz a minha parede, contudo ela furou e um raio me atingiu. Caí de joelhos.

– Erga-se! – ela gritava.

– Bhajana...

Ela deu novo ataque e estendi-me na grama. Bhajana se aproximou e me ajudou a levantar.

– Precisa treinar mais.

Ela segurou minhas mãos e notei que aliviava minhas dores.

– Mais tarde retornaremos ao treinamento. Por agora está bom.

Saí de lá calado, mas não desistiria de melhorar. Minha mente necessita focar nas boas coisas. Amanhã farei bem melhor. Pelo menos, não posso deixar a parede furar! Que fraqueza! O esforço me fará alcançar o resultado final.

Assim que melhorei, encontrei-me com Augusto. A lua refletia no lago negro. Sentamos na beira dele.

– O que fez hoje? – Augusto questionou.

– Tive uma aula com Bhajana. Ela está me ajudando no domínio das energias vitais. Ela é bem mandona, firme... – eu ri.

– Entendo.

– É bom estar com a mente ocupada, não é mesmo, Augusto? O que melhor do que isso para ajudar na evolução da alma?

– Todo pensamento some. Toda dualidade. Os "problemas", a negatividade. A mente ocupada não tem tempo de imaginar besteiras. Por isso mesmo, aqui temos tarefas e estudos boa parte do tempo. Também possuímos esses momentos de lazer, como agora, para repensar o que aprendemos. Para estarmos com quem amamos. O amor é um santo remédio! Quando estamos perto de alguém que amamos nos sentimos mais felizes. Parece que estamos recebendo um presente – é uma sensação bem parecida.

– É mesmo! Quem sabe até mesmo não cura?

– Isso. Pode ser. A doença vem da mente...

Era assim que me sentia com o Augusto: amparado, protegido, confortável, seguro... Ananda também me trazia as mesmas emoções.

No dia seguinte tive novo encontro com Bhajana. Fomos para o mesmo local do dia anterior. O vento estava forte e as árvores chegavam a entortar. Mas era um vento bom e gelado. Paramos e Bhajana começou a falar:

– Quero que faça uma bolha sólida.

Concentrei-me e, da primeira vez, o resultado não foi satisfatório. Eu tentei de novo e de novo.

– Você consegue, Samuel! Olhe!

Bhajana formou uma bolha que parecia ferro. Após, lançou em uma árvore e esta virou gelo. Com mais um ataque, ela despedaçou o cedro.

– Agora é a sua vez – ela disse. – Mentalize a função da "gema".

Mais uma tentativa e fiz uma bolha parecida com metal. Fechei os olhos e idealizei uma chama em seu interior. Atirei contra um pinheiro e este pegou fogo.

– Muito bem! – sorrindo. – Você conseguiu! Até amanhã!

Bhajana abraçou-me e recebi um beijo no rosto. Ela mirou em meus olhos e eu vi aqueles dois sóis reluzentes. Seus cabelos encaracolados e ruivos movimentando-se com o vento... Seu perfume cítrico enchia o ar e meu coração. Bhajana evaporou e permaneci sozinho observando os cedros, pinheiros, flores silvestres. Sentia o perfume do campo, via as cores... Fiquei deitado na grama por um tempo apreciando tudo aquilo. Estava me sentindo feliz e sabia que crescia a cada dia. Quando abri os olhos novamente, vi o Céu estrelado. Percebi que precisava regenerar a energia e arranquei flores para sugar a energia delas. Pontinhos brilhantes começaram a dançar em torno de mim. Após algumas flores, abracei uma enorme árvore e sentia seu poder. A luz era azul e envolvia o meu corpo. Piscava e tremeluzia. Minha vitalidade restaurava-se, sentia-se muito bem e revitalizado. Depois fui à procura de Ananda.

Ela estava reunida com alguns irmãos em volta de uma fogueira. Estavam de olhos fechados e mãos dadas recitando cânticos. Furei o círculo e segurei a mão dela. Ananda sorriu. A música continuava. O cântico foi enfraquecendo até terminar a reunião. Depois Ananda e eu ficamos conversando.

Capítulo Vinte e Dois

Samuel Recebe Isadora

O meu amadurecimento já era visto pelos meus mestres Anabel e Madhava. Eles discutiam os próximos passos no escritório. Anabel estava sentado na cadeira atrás da mesa e Madhava de frente para ele. Falavam de todo o processo evolutivo e analisavam um caminho para mim.

– Sabe, Anabel, que a Isadora já está chegando à colônia? Por que não deixamos o Samuel a esperando na entrada?

– Claro... Será ótimo! Já o vejo a instruindo!

– Sim... Percebo esse destino e esse amor – Madhava falou inspirada.

– Ele reparará assim que pôr os olhos nela!

– Então já está decidido?

– Sim! Será maravilhoso para os dois!

Ambos saem do prédio de mãos dadas e caminham em direção ao lago.

Estava absorto em torno do brilhante e reluzente lago conversando com minha consorte Ananda. De repente, vejo ao longe os mestres e outros irmãos me chamando e acenando. Eu ria com Ananda.

– Olha lá! Estão chamando-o.

– Então eu vou lá!

Ananda e eu levantamos e nos encaminhamos aos irmãos. Olhei para Anabel, fitei os irmãos ao redor. Pude imaginar que algo iria acontecer. Quando havia uma reunião, as novidades apareciam. "Será que alguém está chegando?" – eu refleti.

– Vamos, Samuel! – Anabel fala.

– Aonde vamos?

– Já deve sentir do que se trata, não?

Sim. Alguém estava a caminho. Mas quem? Fiquei muito curioso e ansioso. Chegamos à entrada da colônia. Ananda segurava minha mão e sorria lindamente para mim. O portal finalmente se abriu e a luz se alastrou. Comecei a visualizar silhuetas. Era ela. Pude sentir. Isadora. Naquele momento uma avalanche de memórias desabou sobre mim. Relembrei de outras encarnações. Um carinho profundo se apoderou de mim. Larguei a mão de Ananda. Dei alguns passos adiante. Olhos vidrados.

Lá estava ela com seus intercessores ao lado. Radiante. Emanando amor. Suas vistas já se encontravam com as minhas. Isadora estendeu as mãos. Segurei-as. Abraçamo-nos. Minha emoção era forte. E a dela também crescia.

– Eu a ensinarei! Eu a ensinarei! – repetia a frase. Uma força enorme me fazia sentir grande e poderoso, cheio de amor e felicidade.

– Sim, pai e mestre! – ela disse. – Ensine-me!

Naquele instante, só ela existia para mim. Após aquilo, as mesmas cerimônias foram feitas e, mais tarde, pude conversar com ela sobre o plano espiritual e sobre a colônia. Minha alegria era grande. Isadora desencarnou já com bastante idade. Após aquele encontro em sonho, anos tinham se passado. A família conseguiu se entender. Eu fiquei contente.

Capítulo Vinte e Três

Disciplina e Sacrifício

Era mais uma aula do mestre; o tema era a disciplina e o quanto isso era importante para a lapidação do espírito.

Quando se tem disciplina, tem-se determinação que mostra a vontade do indivíduo em progredir e alcançar suas metas. A disciplina demonstra a força e a dedicação da pessoa. Você realmente está determinado a vencer! A determinação é fator primordial para a vitória!

Um atleta, por exemplo, deve seguir à risca sua rotina de exercícios diários e sua alimentação equilibrada. Caso ele fuja desses procedimentos, seu rendimento não será o mesmo – será menor! Se ele deseja vencer campeonatos e melhorar seu condicionamento físico, deve seguir corretamente uma *disciplina*. Assim também é com quem aspira crescer espiritualmente.

– O indivíduo diz: "Terei que me afastar disso e daquilo". Por conseguinte se afasta. "Todos os dias farei uma oração de graças." Então a faz e assim por diante... Para tudo isso é necessário o quê? – o mestre interpela.

– Força de vontade! – Augusto responde.

– Exato, Augusto. Força de vontade. Você precisa concordar de coração cheio: "Daqui para a frente será desse jeito!" E ponto final. Sem espaço para exceções! Farei uma dieta, quero emagrecer. A pessoa faz aquilo por duas semanas e sucumbe aos doces e à massa. O que faltou?

– Força de vontade! – responderam.

– Sim. A determinação. Ela não queria emagrecer de verdade! Era uma simples vontade de pesar menos! Se quisesse, faria o sacrifício. E a perfeição, queridos irmãos espirituais, exige sacrifício. Exige que nos desapeguemos de muitas coisas que nos dão um prazer momentâneo. Contudo é o prazer do sofrimento, porque finda. Acaba. É irreal. Mas não se esqueçam de que uma hora isso será natural e a palavra sacrifício não existirá mais para vocês! Sim, é claro! Nós já sabemos disso! Após alguns esclarecimentos, prova, tempo... A espiritualização virá naturalmente, mas não em caso de santidade, não é possível nos obrigarmos a sermos santos. Não, não é possível. Você pode deixar de fazer ou de falar algumas coisas, porém está pensando, ou quem sabe o sentimento de amor e tranquilidade ainda não o preencheu. Eu digo que devem sentir o amor divino, para assim poderem transformar seus espíritos. Enquanto isso não ocorrer, por mais sofrimentos irão passar. Então a disciplina e o sacrifício ajudam, mas não os tornam santos por isso! O que vem no coração de vocês, isso sim, dirá que são amor. E por causa do que está no coração e na mente, agiram conforme esses preceitos e não precisarão forçar ações de benevolência ou ter uma disciplina. Assim a espiritualidade virá naturalmente.

Então, se ainda sentem algo ruim, digam: Eu posso, porque meu Deus é maior que isso! Posso evitar esse sentimento mesquinho, esse medo, essa insegurança, confusão, rancor, mágoa, essa dor, ódio, raiva, porque eu sou maior que isso! Repitam! Eu sou maior que isso! Repitam!

– Eu sou maior! – todos falaram juntos.

– De novo! Eu sou maior!

– Nós somos maiores!

– Nós somos maiores! Todos juntos! Digam!

– Nós somos maiores!

– Compreendem? Você quer vencer. Isso exige um pouco de sacrifício de sua parte. Contudo, será recompensado. Logo verá a linda vitória que colherá. Comerá do seu fruto límpido. Entenderam? Quando se tem fervor no que faz, quando se dá de si o necessário para a realização, colherá por isso! O nosso sacrifício não é em vão.

A nossa abdicação não é em vão. O Pai vê e ouve a nossa oração. Vê nosso sofrimento. Vê a perseverança e o fracasso, a desistência. "Não, mestre! Eu não consigo deixar de sentir ódio por ele! Não, mestre! Eu não consigo deixar de desejar aquele corpo! Não, mestre! Eu não consigo deixar de temer! Não consigo, não adianta, é inútil, mestre!" Ouço essas coisas... Então respondo: Continue tentando até conseguir. Até esse sentimento desaparecer por completo. Faça o que for e faça mais! Prossiga se esforçando! Disciplina e sacrifício são esforço. "Necessito ser aprovado no teste, vou me esforçar e estudar. Estou sem tempo para o estudo, mas vou tentar." "Estou cansado, mas vou fazer." "Estou desacreditado, porém vale a pena pagar para ver!" E cada um dos irmãos verá o milagre acontecer.

Construa! Quer um abrigo? Construa! As leis estão na consciência de cada um de nós. No início é complicado segui-las ou não compreendemos a mensagem nelas. Entretanto, com o passar do tempo, de muitas vidas, as leis fazem cada vez mais sentido para nós. É verdade! Até chegarmos ao ponto em que não precisamos mais segui-las, porque já fazem parte de nós, do nosso jeito de ser, da conduta. Assim é a perfeição: quando você não precisa mais seguir porque você é – concluiu.

Fiquei completamente admirado com aquelas palavras belas e profundas. A conclusão era a de que não necessitava seguir, mas *ser*. Eu tenho de ser. Então, preciso ser o mestre, como o mestre, e não apenas seguir os seus ensinamentos!

"... Sede, pois, perfeitos, como também vosso Pai celestial é perfeito." (Mateus, 5:48)

Ser é muito mais difícil do que ter ou seguir, uma vez que ser é quando realmente se sente aquilo. Há um sentimento. Ser bom é diferente de fazer o bem. Mas com certeza, se você é bom, fará o bem! Você pode seguir as regras sem concordar com elas! Ou não acreditar nelas! O sentimento vale mais que qualquer ato! Não que eu esteja desvalorizando o ato... Mas este sem uma intenção sincera fica rebaixado e, por vezes, anulado.

Capítulo Vinte e Quatro

"O Mestrado" de Samuel

Anabel e Madhava me observavam e diziam:
– Ali se forma um mestre! O amor e a dedicação, a vontade de ajudar na formação do próximo...
– Sim, Madhava... O amor regenera e cura. Retira do caminho qualquer empecilho. As barreiras desaparecem, ele retifica. Não permite deixar sombra de dúvida no que você é! – Anabel recitava as palavras poeticamente. – O amor fortalece e a ilusão se desmancha. O Samuel evoluiu bastante nos últimos tempos. Aqueles sentimentos, nos quais se rebaixava e via os irmãos melhores do que ele, acabaram; até mesmo a inveja! Reconheceu-se como luz pura e santa. Encontrou-se, finalmente, podemos dizer. Agora ele está sábio de si, então partirá para ser sábio dos outros! Não há trabalho melhor do que auxiliar alguém! Não há sentimento que traga tanta satisfação! Se há sentimento que complete alguém, esse é um deles. A doação. A doação plena e de boa vontade! A real doação. Ao doar, sentimo-nos mais leves e felizes, com certeza!

– Quando doamos – Madhava continuou – fazemos um bem para quem presenteamos e para nossa própria alma. Seja uma palavra ou um abraço. Seja uma flor ou algo maior. O que importa é o bem que almejamos realizar! E toda essa energia é enviada e espalhada, tornando o ambiente harmonioso.

Eu estava sentado com Isadora debaixo de uma árvore frutífera. O sol iluminava e trazia seu calor agradável. Anabel aproximou-se e disse:

– Hoje, Samuel, você é um mestre!

Dei um sorriso e permaneci olhando Anabel de baixo para cima. Minha vista estava fixa nele. Respondi sem demora:

– Sim, eu sou um mestre!

Todos ali presentes fizeram uma corrente, um círculo, e eu fiquei no interior. Era uma espécie de consagração. Estava pulando por dentro! Energias eram lançadas sobre mim.

Fechei os olhos e recebi as boas emanações.

Logo após, fomos todos para a cachoeira e passei por uma restauração. Esse é sempre um grande momento de paz e tranquilidade, além de felicidade. Então, iniciamos a festa e a cantoria típica. Ganhei muitas flores e guirlandas. Uma emoção tremenda se abatia em mim. "Sou abençoado! Muito abençoado!", pensava. Certa hora, Anabel trouxe Isadora até mim e uniu as nossas mãos. Recitou uma prece e abençoou-nos. Estávamos dentro da cachoeira. Minhas vestes tornaram-se tão brancas e límpidas como as dos mestres. Isadora vestia rosa-claro e sua aparência era de pura beleza. Assemelhava-se a uma deusa grega. Todos olhavam para mim com alegria: Ananda, Augusto, Bhajana, Vibhuti, Anabel e Madhava... Todos me olhavam com felicidade e entusiasmo.

Depois das comemorações conversei com Isadora, Ananda e Augusto. Todos estavam alegres. Até o Caio veio presenciar os rituais e se felicitou por mim. Não havia tanto tempo que Isadora tinha chegado e seria finalmente seu mestre e mentor, explicaria muitas verdades para ela. Em minha mente, naquele dia, não parava de pensar:

"Eu Sou luz, eu sou vida pura e santa. O bem vive em mim e eu vivo para o bem!"

A partir do dia seguinte comecei a orientar Isadora sobre tudo... Seu estado, dever, objetivo, sobre a realidade atual que ela vivenciava... Após esses esclarecimentos, viriam as grandes verdades e ensinamentos. Agora Isadora era a minha iniciada! Deixei, por conseguinte, o trabalho de construção no astral e lhe dei mais atenção.

– Então, Isadora, de tudo o que há, de tudo o que possa existir, o mais importante é o Amor! Pois, sem amor, não se conhece Deus! E sem Deus não há vida real! Não há outro sentimento que o substitua em seu poder transformador. A única coisa que vale de verdade é o amor! Dele nascem todas as outras virtudes, pois, para explicar qualquer uma delas, perceberá o amor no meio! De uma forma ou de outra! Direta ou indiretamente!

E lembre-se: para qualquer dúvida que surgir, Deus é amor. Pense nisso e terá a resposta que deseja. ***Deus é amor!***

Fim

Notas Finais

Meu objetivo foi levar você até o mundo dos seres espirituais para que pudesse compreender um pouco sobre espiritualidade, Espiritismo, Esoterismo, Budismo, enfim: Deus. Todos nós buscamos entender algo mais. Se você quer estudar mais a fundo o assunto ou se ficou com alguma dúvida, recomendo que leia as obras de Allan Kardec e obras de teosofia para um melhor entendimento e explicação.

Muito obrigada, espero ter ajudado você no seu caminho espiritual. Até logo!

Letícia de Queiroz

MADRAS® Editora

Para mais informações sobre a Madras Editora,
sua história no mercado editorial
e seu catálogo de títulos publicados:

Entre e cadastre-se no site:

www.madras.com.br

Para mensagens, parcerias, sugestões e dúvidas, mande-nos um e-mail:

marketing@madras.com.br

SAIBA MAIS

Saiba mais sobre nossos lançamentos,
autores e eventos seguindo-nos no facebook e twitter:

@madrased

/madraseditora